孩子的语言

徐井才 ◎著

新华出版社

图书在版编目（CIP）数据

孩子的语言 ／ 徐井才著．-- 北京 ：新华出版社，
2021.7
ISBN 978-7-5166-5918-2

Ⅰ．①孩… Ⅱ．①徐… Ⅲ．①儿童语言-语言能力-
能力培养 Ⅳ．① H019

中国版本图书馆 CIP 数据核字 (2021) 第 114943 号

孩子的语言

作　　者：徐井才

责任编辑：杨　静　　丁　勇　　　　封面设计：李尘工作室

出版发行：新华出版社
地　　址：北京石景山区京原路 8 号　　邮　　编：100040
网　　址：http://www.xinhuapub.com
经　　销：新华书店、新华出版社天猫旗舰店、京东旗舰店及各大网店
购书热线：010-63077122　　　　中国新闻书店购书热线：010-63072012
照　　排：博文设计制作室
印　　刷：永清县晔盛亚胶印有限公司

成品尺寸：145mm×210mm　　　　开　　本：32 开
印　　张：7　　　　　　　　　　字　　数：150 千字
版　　次：2021 年 7 月第一版　　印　　次：2021 年 7 月第一次印刷

书　　号：ISBN 978-7-5166-5918-2
定　　价：39.80 元

前　言

欢迎来到孩子的语言世界

　　欢迎来到孩子的语言世界！当你打开这本书的时候，一场与孩子密切相关的"语言冒险"就已经开始了！

　　第一站，我们将一起见证孩子从牙牙学语到滔滔不绝的语言成长历程。我们会看到，孩子究竟是如何从只会发出无意义声音的婴儿，一点点成长到能够熟练掌握语言表达能力的孩童。这是一段需要父母与孩子共同努力的旅程，也是孩子语言学习之路的重要开端。

　　第二站，我们将一起学习孩子童言稚语背后的潜台词，透过语言的表象，听清楚孩子内心真正的声音。通过这一站，我们将拉近与孩子之间的距离，读懂孩子每一句"谎言"背后的真相。

　　第三站，我们将掌握问答的智慧，用最好的方式去应付孩子的"十万个为什么"，并在问答中挖掘出智慧的宝藏，引导孩子一步步地去探究世界，了解自我。

第四站，我们将认识到语言表达能力对孩子未来发展的重要性，明白会说话的孩子究竟赢在哪里。与此同时，对语言表达能力优势的认知，也将帮助我们更好地为孩子制定语言学习的方向与计划，让孩子能够一开口就赢在"起跑线"上。

第五站，我们将体会一场亲子间的对峙，一点点解读孩子尖锐语言背后的求救信息。也只有解读了孩子的挣扎与痛苦，作为父母的我们才能真正懂得沟通的可贵。

第六站，我们将明白语言环境对孩子成长的影响，在学习中展开自我反省。这段旅程会让我们看到语言暴力的可怕，让我们明白家庭语言环境对孩子成长的重大影响，更重要的是，明白父母在孩子的生命中究竟扮演了多么重要的角色。

第七站，我们将撬动思维的"杠杆"，从而帮助孩子完成思维到表达的"转码"。这是智慧的碰撞，是思维的火花，也是逻辑的胜利。

第八站，我们将看到语言在说话之外的无数种可能，并学会解读孩子在语言表达之外传递出的每一个信号。即便没有只言片语的声音，我们也能一点点读懂孩子的身体语言和情绪语言。

这是一段漫长的冒险之旅，也是每一位家长都应该亲身经历一次的灵魂之旅。只有走进孩子的语言世界，我们才能真正听到并听懂孩子的声音，与孩子建立起沟通的桥梁，实现心与心的对话。

目　　录

第一章　语言成长记——从牙牙学语到滔滔不绝

第二章　童言稚语背后的潜台词，Get到就赚到

第三章　问与答的智慧，挖掘问题就是挖掘宝藏

第四章　会说话的孩子一开口就赢，赢在哪？

第五章　孩子话锋对着你，刀口却朝向自己

第六章　高语境能成就孩子，低语境则毁掉孩子

第一章
语言成长记
——从牙牙学语到滔滔不绝

　　牙牙学语是每个人都要经历的阶段，而滔滔不绝则是每个父母想要让孩子达成的目标。看似简单的起点和终点，中间却有着无数的曲折和坎坷。为人父母不是简单的事情，让孩子在语言方面有所建树就更加不简单了。想要让孩子在语言上有所建树，那就了解一下孩子的语言是如何一步步地成长的吧！

语言背后的秘密

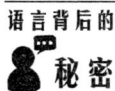

孩子探索世界的同时发展语言

语言是人类特有的一种交流方式。至少就目前的科学研究来说，地球上除了人类以外，再没有任何一个物种拥有与人类一样复杂的语言能力。

语言对人类的发展有着十分重要的意义。因为语言的存在，所以人类的交流拥有比任何一种动物都要高得多的准确性；因为语言的存在，所以人类可以将自己的经验、知识传授出去；因为语言的存在，人类建立了自己的文明，并使其获得了跨越时间与空间的延续。

美国著名心理学家加德纳认为，语言是人类的"第一种智力"，也是最广泛、最公平地在人类中得到分享的一种能力。

那么，人类究竟是如何学习语言的呢？这是不是人类与生俱来的一种天赋？

据研究，在人类大脑左边的睡眠区，有一个部分被称为韦尼克区，这是人类早期语言学习过程中非常重要的一个区域，它能够帮助婴儿积累词汇量，并机械地向大脑输入保存信息。简单来说，孩子早期的语言学习能力，实际上就是一个从低层级大脑区域（处理相对简单信息）向高层级大脑区域（处理更高级信息，如自主学习）运作的过程。

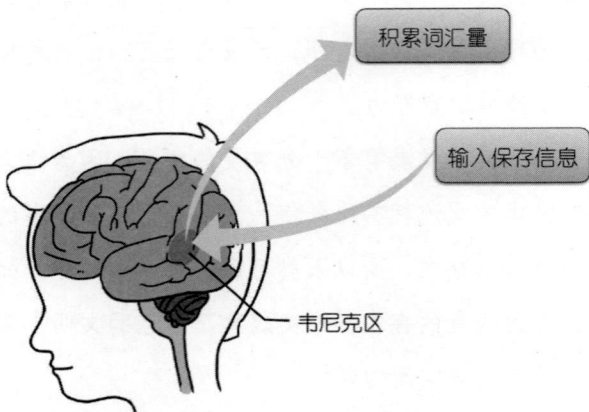

积累词汇量

输入保存信息

韦尼克区

图1-1 大脑的"韦尼克区"

事实上，早在开口说话之前，孩子其实就已经开始学习语言词汇了。德国莱比锡的科学家们为探索儿童语言天赋的秘密，曾组建过一个科研小组，他们发现，婴儿在尚未出生之前，其实就已经能够感知语言了。从大约1岁的时候开始，他们就已经具备了给词汇进行归类的能力。比如，他们可以清楚地知道，不管是一只白色的兔子，还是一只黑色的兔子，都是"兔子"。

需要注意的是，孩子对语言的理解是在与情感相容的生活环境中建立的，最理想的状态是，当孩子口中说出某个词汇的同时，他们的脑海里也会同时出现与之相对应的感受或情感。比如，当你指着一个真实的苹果，告诉孩子这是一个苹果的时候，除了认识"苹果"这个词汇，孩子同时也会在脑海中建立对"苹果"这一事物的感受，如它的形状、颜色、味道等等，并形成自己的情感印象，喜欢或不喜欢。

假如我们将孩子学习语言的过程与现实生活割裂开来，更多地引向书籍或卡片，让孩子通过图画信息去学习词汇，那么就可能导致孩子在进行语言表述时，缺少对现实世界的认知和感受，从而无法与环境形成互动。具体表现为：容易长时间走神，过分沉浸于幻想中。

所以我们说，孩子早期语言的学习与发展过程，实际上是一种全方位的精神形成过程。他们在探索世界的同时发展语言、学习词汇，从而形成自己的心智结构。

01/ 每个孩子的大脑中都有一部"词典"

语言是人类沟通交流的主要工具，但说话并不是人类与生俱来的能力。在学会开口说话以前，孩子并不能清楚地表达出自己的意愿，所以很多人便以为，不会说话的孩子除了吃喝拉撒，基本什么都不懂。但事实上真的如此吗？

其实，孩子对语言的学习要比我们认为的早得多，即使他们还不能开口说话，不能用语言将自己的意愿表达清楚，也不代表他们对语言就一无所知。事实上，早在能够开口说话之前，他们的大脑就已经开始积累和储存语言词汇了。

近年来，语言学和心理学研究表明，孩子学习语言的方式，更类似于一种"统计学习"。简单来说，孩子在接收到外界语言时，大脑能够通过分析语言中的统计规律，学会这种语言的词汇、语音以及语法等，从而掌握这门语言。

早在1996年的时候，美国威斯康星大学麦迪逊分校的心理学教授詹妮·萨弗瑞就曾做过一个实验：她用毫无意义的人造语言制作了一段录音，在这段录音中，有两个"词汇"会反复出现，然后她把这段录音重复播放给8个月大的婴儿听。

神奇的事情发生了，这个还不会开口说话的婴儿在连续听了两分钟之后，就从中"筛选"出了这两个重复的"词汇"，并在之后的检测中，对这两个"词汇"表现出了更大的兴趣。

萨弗瑞的研究让越来越多的人对孩子学习语言的"统计学习"机制产生了浓厚的兴趣，相关的研究更是一发不可收拾。美国亚利桑那大学儿童认知实验室的主任丽贝卡·戈麦斯教授也做了一项实验：她将一段人造语言播放给1岁左右的孩子听，结果发现，他们竟能从中学会这种人造语言人为设定的复杂语法规则。

很显然，孩子在学习语言时使用的这种"统计学习"机制，不仅具备分析和模仿的能力，同时还具备抽象能力。这种机制不仅能够让孩子学会多种语言，同时也能帮助他们学习并掌握很多语言之外的知识技能。

可以说，每个孩子的大脑中都有一部"词典"，而这部"词典"中的内容早在他们接触外部语言环境时就已经开始记录和积累了。这也就意味着，孩子大脑中"词典"储存的词汇量，与他们所处的外部语言环境有着直接的关系。他们所能接收到的语言词汇越丰富，他们对语言的理解和运用能力也就会越强。

对孩子来说，在语言方面，他们最重要的导师就是父母。据统计，一个孩子每天使用的词汇，有86%—98%都是与父母一致的。因此，可以认为，孩子的语言能力与父母潜移默化的教导有着直接的关系。

科学家们在研究孩子的语言能力时曾做过一些调查，得到了这样的三组数据：

（1）13—36个月的孩子，平均每小时听到的语句：

脑力劳动者家庭为487句/小时；

工人阶级家庭为301句/小时；

福利救济家庭为178句/小时。

（2）3岁孩子累计听到的词汇量：

脑力劳动者家庭为4500万；

福利救济家庭为1300万。

（3）3岁孩子掌握的词汇量：

脑力劳动者家庭为1116个；

福利救济家庭为525个。

很显然，出自脑力劳动者家庭的孩子，在语言能力方面的表现往往要比出自福利救济家庭的孩子优秀得多，这并不是一种偶然。通常来说，脑力劳动者无论学历还是知识面都是要高过体力劳动者，而这一点也会直接反应在他们的语言运用能力上。

　　无论是日常对话还是描述或表达内心情绪，脑力劳动者的语言表达通常都会更丰富一些，因为他们大脑中储存的知识文化往往会更多一些，他们可以用许多不同的词汇或句子去描述一件事情或一种状况。比如在看到一片荷花盛开的荷塘时，知识文化水平比较低的人大概只能赞叹一句："真美啊！"而知识文化水平比较高的人则可能会赞道："接天莲叶无穷碧，映日荷花别样红。"

　　如此一来，在这两种不同表达方式的影响下，前者孩子大脑中的"词典"储存下的词汇，就只有一个单调且缺乏个性的"美"，而后者孩子大脑中的"词典"则能收获更多的词汇以及表达方式，从而促进语言学习能力的提升。

　　所以，在与孩子交流时，我们其实并不需要担心孩子"不懂"，而特意使用一些语法简单、词汇贫瘠的"幼儿用语"，这对孩子的语言学习反而没有多少好处。要知道，在学习一门新语言的时候，比起成年人，孩子反而会更有"天赋"。

02/ 别拦着，好语言是"吃"出来的

语言是人类文明发展的基础，人类因为有了语言，才逐渐发展出数学、写作、哲学等人类文明的硕果，才能通过更好的交流凝结成更强大的力量，从而征服全球，战胜无数单体战斗力远远胜过人类的动物。

那么，语言是如何出现的呢？在很久以前，我们的祖先是否和我们一样，可以发出这样多的声音，组成这么复杂的语言呢？

事实上，综合古人类学、人种学、历史语言学、语言生物力学等科学的研究，科学家们已经证实，人类语言产生的各种声音是经历不断进化之后才得来的。有研究表明，人类古代祖先之所以能够在进化中产生新的语音，是因为人类在进化的过程中，下颚与牙齿也随之而进化，且拥有了足以处理新饮食的程度。

更令人震惊的是，科学家们认为，吃软性饮食与人类语言的进化有着直接的关系。这听起来似乎很不可思议，但确实是有科学依据的，因为吃软性饮食会导致人类咬合的生物学发生变化，而这种变化又会直接影响到人类发出的语音，

于是，新的语音就这样形成了。

从人类语音的进化就能知道，人类之所以能够"说话"，发出比动物更为复杂丰富的语音，与人类复杂的口腔构造是有很大关系的。孩子在成长的过程中，口腔的发育状况自然也会直接影响到他们的语言能力。换言之，想要让孩子拥有较好的语言能力，除了日常的词汇积累，还有非常重要的一点，那就是确保孩子的口腔能够得到充分的锻炼，从而获得良好的发育。

口腔的锻炼，简单来说其实就是"吃"。就好似人类祖先因软性饮食的出现而进化出新的语音那样，"吃什么"以及"怎么吃"，对孩子口腔的发育和语言能力的培养有着不容忽视的作用。

一般而言，1岁到2岁是孩子学习语言发音最为关键的时期，这一时期也是孩子口腔发育的关键时期。那么，在这段时期内，孩子应该怎么"吃"，才能对语言能力有好处呢？

这个问题其实很多家长都没有想过，在大多数父母看来，"吃"最大的作用就是补充身体所需的营养，因此，在为孩子准备吃食的时候，父母更多考虑的，往往是这种食物是否健康，营养成分如何，对孩子的生长发育是否有好处。其实，除了补充身体所需的营养，"吃"还能通过锻炼孩子的咀嚼能力来促进口腔的发育。

想象一下我们吃东西时候的种种动作：张开嘴巴，打开牙关，用牙齿啃咬食物，食物进入口腔以后，舌头会协助牙齿一起进行咀嚼，品尝它的味道，最后再吞咽下去。在这一整个流程中，我们需要调动嘴唇、牙齿、牙关、舌头来共同完成一系列的动作，相当于锻炼了口腔的每一个组成部分。

众所周知，做任何运动都是有窍门的，锻炼的姿势、锻炼的方式、锻炼的强度等等，都会直接影响到运动的效果。口腔的锻炼同样也是如此，只有准备合适的食物，才能让孩子的口腔在吃东西的过程中得到充分的锻炼。

很多父母在给孩子准备食物的时候，几乎都会考虑到进食的方便。比如我认识的一位宝妈，她在给女儿准备吃食的时候，通常都会选择那些软烂、好入口的，即使准备水果，也一定会把水果切成薄片或者做成果泥、小水果丁。

这样做确实能让孩子更方便进食，但从口腔发育的角度来说，其实并不是很好。在孩子1岁半之前，给孩子吃一些切成薄片的水果是比较好的，因为这个时候，孩子的牙床和牙根还没有开始发育，不适宜咀嚼过硬的东西，切成薄片的水果不会对孩子的牙床与牙根造成负担。而且，在吃切成片的水果时，由于水果面积较大，孩子啃咬的时候必然会把嘴巴张大，从而刺激牙关和后口腔打开，而这个部分的锻炼可以让孩子在说话时声音变得更加洪亮。

孩子大约在1岁半之后，牙床和牙根就开始发育了，到1岁7个月时，我们就可以考虑让孩子尝试一些更大块儿的食物了，比如切成瓣儿的苹果。在吃这样的食物时，孩子需要用双手捧着，保持平衡，在啃咬过程中，由于块儿比较大，孩子可能需要不断地转换角度去啃咬，琢磨从什么地方"下嘴"比较好。这一系列复杂的动作既能锻炼孩子双手的平衡，又能让口腔各部分都得到充分的锻炼，从而促进口腔发育。

所以，在为孩子准备吃食的时候，父母除了考虑食物的营养成分，还需要根据孩子的年龄来调整准备食物的方式，以便让孩子的口腔在发育过程中可以得到充分的锻炼，促进口腔、舌头、舌尖等部位的发育，让口腔达到最佳状态，从而提升孩子的语音能力，实现从量的积累到质的飞跃。

03/ 6 岁之前，学习语言的黄金期

语言能力不仅是一种表达的方式，同时也是一个人内涵的体现。一个人的说话方式和语言习惯，往往就能反映出这个人的口才、智慧、逻辑思维能力以及知识文化水平。因

此，作为父母，我们都希望孩子拥有优秀的语言能力。

但事实上，并非所有孩子都能如父母所愿，拥有优秀的语言能力和卓越的沟通技巧。虽然我们每个人的语言能力都是从零起步的，但在成长的过程中，有人可以出口成章、舌绽莲花，却也有人变得沉默寡言，不懂得表达自己。那么，这种差距究竟是如何形成的呢？

来自新西兰坎特伯雷大学沟通障碍系的玛格丽特·麦克莱根教授在儿童语言发育方面有着30余年的专业经验，她认为，孩子语言能力发展的关键期在0—6岁，如果错过这一时期，那么孩子大脑中的"语言装置系统"就会被"卸载"。换言之，在6岁之前，孩子在语言方面的学习直接决定了其未来的语言表达能力。

麦克莱根教授的观点是非常值得重视的。此前说过，早在能开口说话之前，孩子的大脑中其实就已经有了一部语言"词典"，虽然他们无法用语言表达自己，但对语言词汇其实已经有了一定的认识，这是每一个人天生就拥有的"本能"。

通常来说，大概在1岁之后，孩子就能开口说出一些简单的词汇了。这一时期，他们对词汇的掌握非常快速，并开始学习和理解语法知识，同时，他们会将掌握的词汇进行拼接重组，构成一个个简单的句子。

等孩子长到3至4岁的时候，他们对语言的掌控往往已经十分纯熟了，可以说出许多复杂的长句子。也正是直到这个时候，孩子才算是真正学会如何使用自己的发音器官，大脑语言区的突触也发展到了一定的水平。

孩子3岁到6岁这段时期可以说是学习语言的"黄金时期"。从生理方面来说，在这一阶段，孩子右脑控制发音器官的能力会比较强，声带和唇舌的运动神经调节也具有较大可塑性；从心理方面来说，这一年龄段的孩子正是对新鲜事物有着极大好奇心和探索欲的阶段，接受能力也比较强，在语言学习方面是非常有优势的。

到6岁之后，孩子学习语言的关键期就正式结束了，与此同时，他们对语言的学习速度和能力也都开始下降。需要注意的是，这里所说的语言学习能力，主要指的是对语言的听说能力而非读写能力。

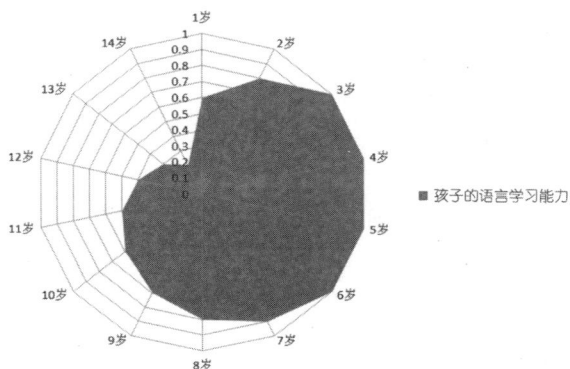

图1-2 孩子不同年龄的语言学习能力变化

　　一些研究人员曾针对人们如何学习第二种语言做过一项调查，他们找到了一些从朝鲜和中国移民到美国的移民，并对他们都进行了一次英语语法的测验。这些移民中，有的很小就开始学习英语了，有的则是到一定年龄之后才开始学习。有趣的是，在测验中能够取得高分的人都有一个共同点，那就是他们开始学习英语的年龄都很小。

　　从这些研究人员的调查结果可以看到，在这些移民中，那些7岁之前就开始学习英语的移民，大多都能像本土人士一样，说一口流利的英语；那些在11岁之后、15岁之前开始学习英语的人，大多数人的熟练程度都只能达到前者的一半；至于17岁之后才开始进行英语学习的那些人，对英语的掌握程度则只能达到前者的1/3左右。

所以，在6岁之前，一定要把握好孩子学习语言的"黄金期"。那么，作为父母，在这个时期，我们究竟能为孩子提供哪些帮助呢？

首先，我们要明确，我们要做的，是引导孩子说话，激发他们对语言的兴趣，让他们愿意主动去学习语言，练习语言，而不是去"教导"他们。引导和"教导"最大的区别就在于，前者是让孩子主动对学习语言产生兴趣，在玩乐中自然而然地学习；而后者则带有一定的"强制性"和"约束性"，一旦把握不好，反而可能让孩子对语言学习产生反感情绪。

在引导孩子学习语言时，除了日常生活中的对话，我们也可以通过阅读的方式来与孩子进行互动。比如与孩子一同阅读配有简单图片的故事，通过"观察"图片来引导孩子对图中事物进行描述，以达到学习语言的目的。

此外，当孩子的语言能力提高到一定水平时，我们则可以引导孩子进行简单的阅读，从字里行间感受语言的韵律和魅力，这对孩子语言能力的提升大有助益。

04/ 多听才会形成说的"条件反射"

人们常说"十聋九哑",虽然语言能力是人类具有的天赋能力之一,但人也并不是生来就懂得说话的。语言学习是一个从无到有的过程,只有通过不断的学习,我们才能真正掌握语言的技巧,而"听"就是学习语言时非常重要的一个环节。

孩子的听力发育和语言能力是密不可分的,通常来说,如果孩子存在听力障碍,那么在学习语言时,就会比普通孩子要困难得多。即使一个孩子生理方面不存在任何问题,但若是一直让他生活在没有声音的环境中,那么这个孩子也是没有机会学会说话的。可以说,孩子的听力发育对语言学习有着非常直接且重大的影响。所以,如果想要培养孩子的语言学习能力,父母一定要注意让孩子多"听","听"得多了,才能形成"说"的"条件反射"。

听力发育与语言学习的关系很多人其实都能联想到,所以很多父母从孩子刚出生开始,就会有意识地多与孩子进行沟通交流。其实,孩子的语言发育还要更早得多,科学研究表明,孩子尚未出生之前,在母亲怀孕4个月左右的时候，感觉器官就已经开始发育了，其中包括听觉器官与视觉器官。

也就是说，从这个时候开始，胎儿就已经能够感知到外界的声音了，这也是孩子语言学习的开始；到怀孕6个月左右的时候，胎儿就已经能够对外界声音做出回应了；到怀孕7个月时，胎儿其实就已经可以将自己听到的声音储存在大脑里了。也就是说，这个时候，孕妈和宝宝分享的一切，其实都是会对宝宝造成影响的。可见，要培养孩子的语言能力，我们完全可以从胎教就开始做准备。

通常来说，人都是先"听"，再"看"，然后才能"说"的。我们可以发现，那些还不会开口说话的孩子，对语言其实也并非一无所知。比如懵懂的婴儿，他们对语言或许还不怎么理解，但如果你常常指着电视机对他们说"电视机"，那么久而久之，他们就会对"电视机"产生概念，以后再听到这个词汇的发音时，很可能就会下意识地看向电视机。等到他们能够开口说话的时候，自然而然也就能说出这个词汇了。

需要注意的是，在意识到孩子的听觉发育对语言学习的重大影响之后，作为父母的我们也必须开始重视孩子所处的语言环境对他们的影响。我认识的一位宝妈有个1岁半的女儿，刚刚开口学说话。这位宝妈平时非常重视对女儿的教育，除了常常会和女儿对话，每天都会给她念诗、讲故事，希望能把女儿培养成一个出口成章的小才女。

有一次，宝妈临时有事，就把女儿托付给了婆婆照顾。结果，令人意外的是，晚上接回女儿之后，宝妈和平时一样，给女儿讲睡前童话故事，当讲到善良的白雪公主被恶毒皇后欺负的时候，女儿的口中居然冒出了一句脏话。这件事让宝妈非常震惊，后来在询问婆婆之后才知道，原来那天下午，婆婆带着女儿出去和几个老姐妹一起逛公园，当时，其中一个老姐妹声泪俱下地和众人控诉了一通她的儿媳妇，在这个过程中，大家由于情绪激动，就骂了几句脏话，没想到，就这么几句，竟然就被连话都还说不利索的小孙女给记住了。后来，宝妈花了好长一段时间，才终于让女儿忘记了这句脏话。

可见，听力的发育和语言的发育的确是密不可分的。那么，我们要怎么做，才能帮助孩子更好地培养听觉能力，从而帮助他们提升语言学习能力呢？以下的一些建议，或许可以给父母们作一个参考。

第一，让孩子多听一些音乐。

音乐是无国界的语言，没有谁能拒绝美妙的乐声，即便是那些对音乐一窍不通的人，也会因听到美妙的乐曲而感到开心。对孩子而言，音乐同样具有无与伦比的魅力，许多孩子尚且还在襁褓之中时，就已经能够对不同类型的音乐作出反应，甚至表现出明显的偏好。所以，父母不妨多让孩子听一些不同类型的音乐，这样不仅能够帮助孩子锻炼听力，而且还能陶冶情操。

第二，坚持每天给孩子读一些故事或文章。

语言学习就是要多听才能形成说的"条件反射"，而且此前我们也曾提到过，孩子的语言能力与父母日常的语言习惯是息息相关的，这其实就是"听"造成的影响。因此，为了帮助孩子提升语言能力，父母不妨坚持每天都给孩子读一些故事或文章，让孩子能够有机会多"听"一些新鲜的词汇和语法，拓展语言方面的积累。如果父母实在抽不出时间，那么使用一些辅助的工具，如故事机等，也是完全可以做到的。

05/ 多和宝宝聊聊天，别嫌他话多

孩子的语言习惯深受家庭的影响。通常来说，那些生活在沉默寡言家庭的孩子，往往也都不善言辞；而那些生活在活泼热闹家庭的孩子，则大多都口齿伶俐。出现这样的情形并不是什么巧合，要知道，无论什么本领，想要熟练掌握，都少不了日积月累的练习，说话同样也是如此。

如果父母不愿意和孩子互动，让孩子在牙牙学语之际拥有"说"的机会，那么孩子自然很难掌握好语言这门"学科"。但如果父母能够有意识地与孩子互动，引导孩子在学习语言的过程中多说、多想，那么久而久之，孩子对语言的掌控力自然就会得到锻炼和提升。

与刚开始学说话的孩子聊天并不是轻松的事情，尚未熟练掌握语言的他们往往很难清晰地表达清楚自己的意思，说话时也常常会出现词不达意或颠三倒四的情况。面对这样的情形，一些父母便认为，即使他们与孩子说话，孩子大概也是听不明白的，于是干脆就拒绝与孩子交流，或是用敷衍了事的态度去应付孩子的"胡言乱语"。

事实上，这样的做法是极其错误的。要知道，语言本就是一种沟通交流的工具，对于年幼的孩子来说，在日常生活中，他们最常接触的人就是自己的父母，如果父母不愿意成为他们的交谈对象，那么语言对于他们而言也就失去了作用，这样一来，久而久之，孩子自然也就不再喜欢开口说话了。

所以，如果父母希望孩子将来能够拥有比较强的语言表达能力，那么在孩子牙牙学语之时，就一定要能耐住性子，多和他们进行交流，引导他们开口说话。而且，孩子对语言的理解其实要比我们想象得多，他们或许还不懂得如何清晰地表达自己的意愿，但却已经能够听懂很多东西。

我女儿刚开始学说话的时候，为了帮助她锻炼语言能力，我每天都会和她说很多话，即使很多时候她并不能给我清晰的回应。我对女儿说的话也都是一些日常生活中的简单词句，非常随意。比如带她出去时，看到花，我会指着花对她说："这是花，漂亮的花，有红色的，黄色的，还有紫色的。"

每次做事情的时候，我也会尽量用简单的语言向她描述我正在做的事情。比如帮她穿衣服时，我会一边帮她穿，一边说着："咱们把衣服穿上，来，抬起左边的胳膊，还有右边的，手从这里伸过去，现在爸爸要帮你扣扣子。"

为了引导她多说话，我也常常会使用一些问句，并鼓励她开口回答我的问题。比如见到苹果的时候，我会问她："看，这是个大苹果，昨天我们还吃过的，记得吗？喜不喜欢苹果呀？"每次只要她有所回应，我都会鼓励和夸奖她。

大概在2岁以后，大多数孩子就已经能够用简单的句子来和外界进行交流了，这个时候，很多孩子都会迫不及待地与外界进行交流，试图利用语言来为自己对世界的诸多困惑寻求答案——

"天为什么是蓝的？"

"我们为什么要吃饭？"

"为什么要穿衣服？"

"为什么这个苹果很甜，那个很酸？"

"为什么爸爸每天都要上班？"

"为什么妈妈头发那么长？"

……

对很多家长来说，孩子的"十万个为什么"模式是非常可怕的，他们会问出许多在成年人看来毫无意义的问题，即使你给出了答案，他们也依旧会喋喋不休地追问新的毫无意义的问题。

这其实是孩子探索世界的一种方式，同时也是孩子练习语言交流的重要时期。在这个时候，父母一定要拿出更多的耐心和孩子进行交流，甚至鼓励他们多说话，同时引导他们学会如何更清晰、更有逻辑性地表达自己的意愿。

孩子虽然年幼，但并不是什么都不懂，很多时候，他们对周围人情绪的感知，甚至可能比成年人更加敏锐。所以，如果父母因为觉得厌烦，嫌弃孩子话太多，而制止他们的问题，或摆出一副敷衍了事的态度，那么必然会浇灭孩子探索世界的热情，浇灭孩子开口说话的热情，这对孩子的语言学习显然是极为不利的。

其实，在面对孩子的"十万个为什么"时，也是有一些小窍门的。有一位宝妈的应对方法就很有意思，每次她的儿子喋喋不休地开始问"为什么"时，她都会反问一句："那你是怎么认为的呢？"以此来引导儿子说更多的话，激发他的发散思维，同时锻炼他的表达技巧。

06/ 建立语言和外界实物的直接连接

建立语言和外界实物的直接连接，是儿童学习语言的一大基本策略。

孩子虽然是天生的"语言家"，但一切的活动都离不开生活实际。当孩子通过身体各个感官的感觉输入，激发和培养内在语言能力的同时，父母要及时给予相应的语言词语的"配对"，这样孩子的语言表达能力才能得以体现，否则，很容易出现"文不对题""牛头不对马嘴"的错误认知。

我曾专门做过一个相关的测评，发现不少孩子的语言概念是不清的，即便是那些语言表达非常流利的孩子亦然，这是一种普遍的语言现象。

在"认识农作物"环节中，当我拿出标有常见农作物的汉字卡片时，孩子们纷纷争先抢答，"韭菜""小麦""小葱""水稻""高粱"……可是当我现场拿出这些农作物，让孩子们进行辨认时，大家却不像刚刚那么积极了，开始犹豫起来，还出现了把韭菜当作草、将麦苗认成葱的"神回答"状况。

对于孩子的"五谷不分"，有些父母也许不以为然，认为孩子平时接触机会少，难免分不清。诚然，这一现象在于当下农耕教育的缺失，但在我看来，更多的原因在于，父母没有帮助孩子及早形成语言概念。

什么是语言概念？我们知道，孩子是通过感觉来认知世界的，其中通过"看见"了解各种事物的外观，通过"听见"认识各种事物的特质与名称，通过"触觉"确认各种事物的物质属性。在这一统合过程中，孩子完成了对语言的捕捉，逐一形成对各种事物用词的具体认知，这就是语言概念。

语言概念直接影响着孩子的语言表达能力，好的语言要求用词准确，语意明白，能够准确、清晰、客观地表述各种事物。

语言概念不清，会影响孩子对词语的理解，以及对语言的组织与运用能力，这是常见的儿童语言发展不足的现象之一。一个语言概念不清楚的孩子，因用词有误、语意不明，与人交谈时，常会"似懂非懂""答非所问"，结果是越来越不爱说话，也越来越不喜欢听人说话，形成后天假性自闭现象。

要破解这一问题，关键就在于搭建连接。

语言概念与实物本身是两种不同形态的语言，但作为语言，是为了如实地反映实物概念。通过建立语言和外界实物的直接连接，让孩子在实体中去体验并认知，这样发展出来的语言才不是死气沉沉的词句。而且，当嘴里说出某个词的时候，他们内心会同时出现跟这个词有关的感受和情感。

比如，有些幼儿通过图画绘本，认识了"狗"的物体形象，但是孩子不会马上理解具体事物，当不了解现实中的狗长什么样子时，他们就会把狗简单归纳成四条腿的动物。由于这种对语言产生概念上的认识不清，出门看见猫，或者动物园里的动物，他们也会觉得是"狗"，形成语言上的"过度泛化"。直到真正认识了现实中的狗，把两者结合起来进行理解和记忆后，这种现象才会得以改善。

语言的发展过程，实际上就是孩子对这个世界探索形成的心智结构。当每一个词汇在孩子心中都有与之相配的实物作为支撑，孩子在进行语言表述时就是在同时进行现实生活赋予的内在信息，如此语言模式就建立在一个个清晰的概念定义上，各种事物互相连接形成了一个整体的系统。这才是一种好的语言发展状态。

在孩子语言发育过程中，父母要及早做好引导工作。

非常有用的途径就是教孩子认字的同时，借助实物和生活情境形象识字——这是苹果、西瓜、桌子、沙发、电视机……或者带着孩子到户外逛一逛，看看绿树鲜花、听听小鸟唱歌等，逐渐帮助孩子认识字形、了解字义，从而形成语言概念。

我女儿认识的第一个字是"花"，没上幼儿园前认识的，那时她只有两岁半。女儿喜欢漂亮的小花，每次一到公园她就会不停地问这是什么花，那是什么花。我每次会鼓励她蹲下看一看、闻一闻。公园草坪上竖着一个小牌子，写着"爱护花草"，我也会指着让女儿念上一遍，并且告诉她，你喜欢的"花"就长那个样子，一次，两次，三次……女儿就记住了"花"，而且记得很牢。

语言与实物的连接是语言体系建立的过程，也是孩子开悟的过程。

说到底，语言是在生活情景中学到的，也要运用到实际生活中去。做到识物与识字同时起步和发展，跟现实生活紧密连接，孩子才能真正地说好话。

第二章
童言稚语背后的潜台词，
Get 到就赚到

　　我们生活在这个社会中，每天都会接触到许多的潜台词。这些潜台词因为各种各样的原因，从城府很深的成年人口中说出，被其他城府很深的成年人领会。那么，天真无邪的孩子也会用潜台词吗？当然会，孩子语言中的潜台词，就是内心的反射。能读懂孩子的潜台词，也就能更好地了解孩子的内心。

语言背后的
秘密

语言是心智的一面镜子

同样一句话，从孩子口中说出来和从成年人口中说出来，得到的反馈可能是截然不同的。人们往往会更认真地对待成年人口中说出的话，却会下意识地忽略孩子口中说出的话。因为在大多数人看来，成年人已经拥有成熟的心智，具备判断是非的能力，所以当他们说出一句话的时候，无论这句话是好还是坏，都是他们认真考虑过的，他们也应当对此负责。孩子则不然，即便他们口出恶言，在成年人看来，恐怕也只不过是"熊孩子"的一种情绪宣泄。

比如，当你的孩子因为某些事情被你训斥过后，他生气地对你说："我再也不理你了，我要离开你！"你或许会为此感到伤心，但并不会把他说的这句话当真。有些抗打击能力强的父母或许还能调侃上一句："好啊，那你就离开我吧，等会儿我就把你卖给收破烂的！"但如果这句话不是你的孩子说出的，而是换成你的丈夫或妻子，那么你恐怕就很难再这样云淡风轻地对待了。

确实，很多时候，孩子在说出某句话时，可能自己也并不完全清楚这句话代表的真实含义。但这并不意味着他们的话语就不值得重视，不值得被认真对待。要知道，无论他们是否能够为自己说过的话负责，但至少有一点是可以肯定的，那就是他们说出口的话，从某种程度上来说，反映出的正是他们的心性与品行。

语言与心智是息息相关的，语言就好比心智的一面镜子，从一个人口中说出的话，我们就能窥见这个人的内心究竟是什么样子。这一点在孩子身上体现得尤其明显，因为比起成年人，大多数孩子显然都还没有学会掩饰自己的情绪，压抑自己的想法，以及为自己塑造一个虚假的"人设"。所以，无论好意还是恶意，在孩子身上，往往都会表现得更为直接。

图2-1 语言是心智的一面"镜子"

作为父母，我们应当重视孩子所说的每一句话，尤其是发现孩子口出恶言时，不仅要及时纠正他们的话语，更重要的是，还要去深入了解孩子内心真实的想法，帮助他们排解坏情绪，并及时导正他们的思想观念。

01/ 孩子嘴上说的是……
可心里想的是……

　　总是容易低估孩子的心智，这几乎是每一个成年人的通病。诚然，相比成年人复杂的心思和社交活动，孩子的世界的确要简单纯粹得多，但这并不意味着孩子就没有自己的"小心思"和"小智慧"。

　　通常来说，如果交谈的对象是成年人，对于对方说出的话，我们或许会下意识地琢磨一下。但如果交谈的对象是孩子，那么大多数人恐怕都不会想太多，因为在大多数成年人的印象中，孩子都是比较单纯和直白的。但事实上，如果对于孩子说出的话，我们都直白地去理解，那么反而可能会错过孩子真正想要表达的意思。

　　我女儿刚上学那会儿不太适应老师的教学方式，成绩不是很理想。有一次考试前夕，她突然问我："爸爸，如果我这次期末考试低于80分，你会生气吗？会不会打我？放假会不会不让我出去玩儿？"

听到女儿的问题，我当时并没有多想什么，以为她真的只是想知道如果考试没考好我会不会"处罚"她。于是我就随口回答她说："爸爸不会打你，也不会生气，但还是希望你能更努力一点。至于放假期间，可以出去玩，但一定要规划好时间，做好学习计划。"

听到我的回答后，女儿眼睛一亮，好像突然高兴了起来，声音上扬地说道："所以，不管我考试考得好不好，爸爸你也还是一样那么爱我对不对？不会因为我考得不好就对我凶，就不喜欢我了，对吧？"

女儿的话让我感到很意外，我这才意识到，原来她询问我这样的问题，并不是真的想知道如果自己考得不好会得到什么惩罚。她问题背后真正的潜台词，是想确定作为父亲的我，对她的爱究竟会不会因一些外在的条件改变而改变，比如成绩的好坏。那一刻，我内心感到十分庆幸，庆幸自己虽然没有在第一时间真正听懂女儿的话，但我的回答也并没有让她感到失望和伤心。

孩子的"小心思"和"小智慧"似乎是与生俱来的，看似简单天真的他们，拥有的心理活动和逻辑思维其实并不像我们以为的那样简单和贫瘠。他们也会小心翼翼地用迂回的方式去试探这个世界，试探父母长辈们的想法和心思。他们有着自己的沟通技巧和独特的情绪表达方式，如果不能读懂这些，我们就永远无法真正走进孩子的内心世界。

我的一位朋友曾为与儿子之间的沟通问题苦恼不已，父子俩的关系一度水火不容。这位父亲抱怨说，自己的儿子是个特别调皮捣蛋的孩子，没有哪天是不闯祸的。今天踢球砸了邻居家的玻璃，明天玩弹弓打坏了阳台的花盆，后天为了抢玩具在幼儿园和小朋友打架……但每次，不管怎么质问儿子为什么要这么做，究竟发生了什么事情，儿子都是一副拒绝沟通的样子，翻来覆去就是一句："忘记了，不知道，没想过。"

很多家长其实都遇到过类似的情况，想要和孩子好好"沟通"，孩子却总是摆出一副"消极抵抗"的样子，让谈话无法继续。其实，很多时候，我们只听到了孩子嘴上说的"忘记了，不知道，没想过"，却并没有真正听到孩子内心的声音。他们的别扭、敷衍、不配合，或许只是想告诉我们："爸爸妈妈，不要用这种质问的语气和我说话，我不喜欢。为什么不能试着相信我一点呢？你只听到别人说的话，就来质问我，这会让我感到很难过。"就像国际著名亲子沟通专家阿黛尔·法伯所说的："当孩子被提问、责怪、建议的时候，很难有清晰的思路和积极的态度去想问题。"

要想听懂孩子心中真正的"潜台词"并不难，只要注意观察，抓住孩子说话时的情绪，其实就能大概判断他嘴上说的和心里想的究竟是不是一回事。孩子毕竟年纪还小，即使他们懂得利用语言来作为试探的"工具"，也很难完全掩盖自己真实的情绪。

比如，当孩子渴望父母的陪伴，但是又敏感地意识到父母或许有其他事情要去做时，可能会"乖巧"地表示愿意自己玩，但只要父母仔细观察就会发现，孩子在说出这样的话语时，情绪很可能是低落和不舍的，渴望陪伴才是他们内心真正的渴求。

所以，在与孩子相处的时候，要注意多留心孩子的情绪，而不只是武断地通过他们的言语做出判断。只有真正读懂孩子语言背后的潜台词，我们才能真正走进他们的内心，与他们建立亲密无障碍的沟通。

02/ 爱吹牛可能是"达克效应"在作怪

近些年，越来越多的父母在教育孩子时都摒弃了"棍棒教育"，转而采用赞美与鼓励的方法，督促孩子上进，并帮助孩子建立自信。

客观来说，赞美与鼓励确实能带给孩子更多的信心和满足感，毕竟谁不喜欢得到关注与夸奖呢？但需要注意的是，如果父母把握不好夸赞的"度"，那么久而久之，就可能让孩子陷入"达克效应"，变成一个喜欢炫耀和吹牛的人，这对孩子的成长是极为不利的。

什么是"达克效应"呢？这其实是心理学上的一种认知偏差现象。简单来说，就是一个能力比较一般的人，因为对自我认知的偏差，产生一种认为自己十分优秀、能力卓绝的错觉，在过高评估自己能力的同时，又过低地评估了别人的能力。

人都是有自尊心和虚荣心的，孩子也不例外。更重要的是，在成长的过程中，孩子对自我的认知还处于探索阶段，而他们对自己的认知与评价，通常都是基于父母师长这类"权威人士"的评价建立的。也就是说，如果身为父母的我们，为了帮助孩子建立自信而给与他们过多的夸奖与肯定，或者在孩子"吹嘘"自己能力的时候，为了保护他们的自尊心和自信心而盲目附和，那么久而久之，就可能影响到孩子对自己的认知和评价，"达克效应"就是这样产生的。

我的一位朋友就曾遭遇过这样的状况。或许是因为从小就成长在"棍棒教育"的阴影中，我这位朋友自从有了孩子以后，就一直奉行"赞美教育"，坚持以赞美和鼓励的方式去引导孩子上进。

朋友认为，小孩子都是喜欢听到别人夸奖他们、赞美他们的，这会带给他们极大的满足感。所以，当他们因为做一件事而受到夸奖时，为了继续得到夸奖，就会自发地继续去做这件事。比如：很多人儿时或许都有过这样的经历，偶然在路上捡到几毛钱，交给老师之后受到了表扬。于是，为了再次得到老师的表扬，甚至可能会偷偷把自己的零用钱拿出来，谎称是"捡到的"，然后交给老师。

因为这一理念，不管孩子做什么，朋友几乎都会夸奖他，哪怕是一些最平常的小事。久而久之，朋友的孩子变得越来越喜欢炫耀和吹牛，但凡取得一点点成绩，就沾沾自喜，添油加醋地四处炫耀，恨不得让全世界的人都知道。

其实，孩子喜欢显摆并不奇怪，这样的心理每个孩子或多或少都会有。但如果这种显摆超过一定的限度，甚至影响到孩子正常的生活，那就一定要小心了。一旦陷入"达克效应"的影响，孩子就可能逐渐变成一个自高自大的人，对自己缺乏清晰的认知，或者因受到过度自信的影响而放弃努力，成为一个平庸的人，甚至为了吹牛而经常谎话连篇。

我曾经接触过一个小女孩，特别喜欢向别人吹嘘她的爸爸妈妈有多疼爱她，她的家里多有钱。在她的口中，爸爸是一个很有钱的老板，做生意很忙，常常都在出差的路上，今天飞北京，明天到上海；妈妈工作也很忙，经常到国外出差，每次回来都会给她带很多礼物，昂贵的包包，漂亮的娃娃，她有满衣柜的新衣服。

但事实上，这个小女孩的爸爸只是个普通小卖店的老板，和她妈妈也离婚多年了，平日里大部分时间都是爷爷和奶奶照顾她的生活。不认识她的人其实很难识破她的谎言，有时候听她的吹嘘和描述，会让人觉得，或许就连她自己也相信这个虚假的谎言。

人如果不能正确认识自己，就很难进步。在孩子的成长中，这一点尤为重要。所以，父母在用鼓励与赞美的方式教育孩子时，一定要注意把握尺度。尤其是发现孩子在言语中存在吹牛的毛病时，一定要重视这种现象，及时导正，避免让孩子产生"达克效应"。

此外，父母也要多注意自己的言行，做到以身作则，不要随便在孩子面前夸夸其谈。要知道，父母的所作所为孩子其实都看在眼里，他们会不自觉地模仿父母的言行举止，会从父母的一举一动中进行总结和学习。更重要的是，他们会从父母的态度和评价中认识自己，定位自己。所以，即使是为了鼓励孩子，我们也应当基于事实，而不是一味给予他们过高的肯定和过分的赞誉。

03/ 童言真的"无忌"吗？

说话不分场合、口无遮拦的人无论到哪里都不会受欢迎，而这却是许多孩子身上都存在的问题。虽然对于孩子说的话，人们往往会给予很多宽容和理解，毕竟童言无忌，总不能因为孩子说了几句不中听的"真心话"，就去和他们计较。但同时，也正是因为"童言无忌"，所以孩子说的话，从某些方面来说，恰恰最能反映其家庭的教育。

很多父母都曾遭遇过孩子在公众场合"童言无忌"后的尴尬，但绝大多数的父母对这样的事情却都没有给予足够的重视。在他们看来，孩子年纪小不懂事，说错话也是正常的，没必要太多地去计较。而且，孩子本就比较天真，想到什么就说什么，即便说的话可能不那么中听，也没有什么坏心眼。

然而，拥有这样观念的父母其实忽略了一件非常重要的事情，那就是语言的作用。众所周知，语言是用来沟通的工具，我们希望孩子成为一个"会说话"的人，就是希望他们能够更好地运用语言来达成自己的目的。那么，在学习语言的过程中，孩子要学的，就不仅仅是每一个词句的意思，更要学会在什么场合应该运用什么样的语言，以便更好地、更得体地表达意愿，展现自己。

显然，相比起词句的意思，如何使用语言才是最需要学习和钻研的学问，而这几乎贯穿了孩子学习语言的整个过程。当父母放纵孩子的"童言无忌"时，实际上就是阻断了他们对"如何使用语言"的学习。父母的不重视和不作为，会让孩子根本无法认识到自己的错误，甚至可能成为一种变相的"鼓励"，最终让孩子成为一个口无遮拦的"讨厌鬼"。

当然，我们不是说非要让年幼的孩子抹去童稚与天真，把他们训练成一个八面玲珑、舌绽莲花的"小圆滑"，这就未免有些矫枉过正了。我们只是想告诉父母，"童言无忌"不是"百无禁忌"，就算是"说真话"，也应该先学会尊重别人。

我有个朋友是某公司的一个小领导，大概因为工作太拼，年纪轻轻就有了秃头的困扰。有一次，我去找他谈事情，正巧那天他部门有两个女下属因为学校提早放学，就把孩子接到了公司。

先到办公室的是个小女孩，看上去文文静静的，非常可爱。她盯着朋友的秃头看了很久，突然走过来对朋友说道："叔叔，你是不是这里最聪明的人呀？"

朋友被她问得一愣，笑眯眯地问小女孩："你从哪里看出叔叔聪明的？"

小女孩歪着头认真地说："不是有一个词语说'聪明绝顶'嘛，那这里只有叔叔'绝顶'了，说明叔叔应该是最聪明的呀！"

听到这话，大家都忍俊不禁，倒是小女孩的妈妈闹了个大红脸。

后来没过多久，另一个孩子也到了，是个小男孩，一看就是那种调皮捣蛋的性格，手里拿着玩具枪，一进办公室就四处"瞄准""射击"，嘴里还不停发出"Biu-biu"的声音。当看到朋友时，小男孩一边用枪"瞄准"朋友，一边还大声地说了一句："举起手来，大秃子！"

当时，场面十分尴尬。小男孩的妈妈赶紧把儿子拉开，却并没有批评他，只是一个劲儿地对朋友说："别计较啊，领导，童言无忌，童言无忌。"

无论是小女孩还是小男孩，确实都是"童言无忌"。但很显然，小女孩的"童言无忌"让人忍俊不禁，而小男孩的"童言无忌"却只让人感到万分尴尬。此外，从小男孩妈妈的表现也能看出，她显然并不认为这件事情有多严重，也正是因为她的纵容，所以小男孩才如此"百无禁忌"。

著名的教育学家马卡连柯曾说过："教育的成功与否

取决于5岁以下的幼儿期，所以我们从孩子出生，就应当开始对他们进行正确的教育。"而教会孩子如何正确地"说话"，同样也是教育的一环。

童言应当有"忌"，这是一种有教养的体现。人们会为那些无伤大雅的童言稚语忍俊不禁，但绝对不会喜欢那种口无遮拦的"童言无忌"。作为父母，我们一定要注意在孩子面前的言传身教，尤其是当孩子说错话的时候，一定要及时导正，让他们明白说话也是有忌讳的，不能想到什么就说什么。

04/ 谈一谈"孩子说谎"这件事

对于"孩子说谎"这件事，绝大多数父母都会如临大敌，仿佛这是一件多么不可置信，甚至严重到天崩地裂的事情。但事实上，"说谎"不过只是孩子成长过程中一个非常正常且典型的表现罢了，并不值得我们这般暴跳如雷。

据统计，在2岁的孩子中，有30%的孩子说过谎；在3岁的孩子中，有50%的孩子说过谎；在4岁的孩子中，有超过80%的孩子说过谎；而在4岁之后，几乎所有孩子都会说谎。所以，当你发现孩子学会说谎的时候，先不必急着发怒或恐慌，我们真正应该做的，是先找出孩子说谎的原因，了解孩子究竟为什么要说谎。

美国著名心理学家佩吉·德莱克斯勒博士认为，孩子的大多数谎言都属于"自助式谎言"，目的无非是为了逃避麻烦或惩罚，获得某个想要的东西，或者给别人留下好的印象。

这其实不难理解，人都有趋利避害的本能，孩子也不例外。不管是做错事情之后为了逃避惩罚，还是在利益的驱使之下为了得到某件东西，或者为自己塑造好的形象与名声，说白了，都是一种趋利避害的选择。只不过，人除了受本能的影响，还受道德思想的约束，清楚什么是对的，什么是错的。于是，在本能与道德的博弈中，有的人顺应了本能，选择用说谎的方式来趋利避害；而有的人则克服了本能，能够勇敢面对惩罚，或拒绝诱惑。

诚然，作为父母，我们都希望自己的孩子能是那个战胜本能，拒绝撒谎的人。但我们得承认，这并不是一件容易的事，哪怕作为成年人的我们，都不可避免地会在某些时候以撒谎的方式来趋利避害，更何况年幼的孩子呢？可我们也都清楚，说谎并不是一件好事，如果我们不能及时纠正孩子说谎的坏习惯，那么将来他们就可能会成为一个整日谎话连篇的人。

那么，在发现孩子说谎的时候，父母到底应该怎么办呢？

很多家长在发现孩子说谎之后，第一反应往往都是直接拆穿孩子的谎言，然后再严厉地警告他们："以后不许说谎，这种行为是错误的！"

然而，事实证明，这大概是最无用的处理方法了，因为这不仅无法让孩子真正认识到自己的错误，反而只会帮助孩子在"圆谎"的道路上越走越远，在一次次修正中将下一次的谎言编得更周全。

我女儿上小学的时候，有一段时间非常沉迷于看电视。平时上学还好，没有多少时间可以用来看电视，但只要一到假期，我和妻子去上班之后，家里便成了她的天下。每次出门之前，我都会提醒女儿："不许看电视，上午要按照制定好的学习计划，把卷子做完。"女儿每次都答应得很爽快，但只要我们一离开，她就会偷偷看电视。

刚开始的时候，女儿的谎言很好拆穿，因为每次回到家，我只要伸手一摸，就能感觉到电视是热的，显然，女儿刚把电视关了。于是，我摆出一副了然于胸的样子，瞬间就拆穿了她的谎言。

然而，我的拆穿并没有让女儿改掉撒谎的习惯，她立刻就发现了"破绽"。于是，她开始想各种办法给电视"降温"，比如提前把电视关掉，留出足够的冷却时间；尝试用电风扇给电视降温；甚至用浸了冷水的湿毛巾来擦拭电视，以便降低温度……

后来，过了很久，我无意中撞破女儿的种种小动作，才终于意识到，拆穿孩子的谎言并不能真正"震慑"他们，反而只会帮助他们把谎言编得更"周全"，更"严谨"。

每一个谎言的背后必然都是有诉求的，只有了解了孩子说谎背后的真正诉求，我们才能对症下药，解决孩子说谎的问题。

比如当孩子做错事情，为了逃避惩罚而说谎时，我们应该让孩子明白，我们不会因为孩子犯错而减少对他们的爱，但他们说谎的行为却会毁掉彼此之间的信任，这比任何错误都更让我们感到难过；而孩子如果是为了吸引我们的关注而说谎，那么在责备孩子之前，或许我们应该先审视一下自己的行为，看看究竟是什么原因导致孩子觉得自己被忽视。

总而言之，一定要记住，说谎是孩子成长过程中一种非常正常且典型的表现，我们有义务引导孩子认识对错，但实在没必要因为孩子说谎就暴跳如雷。我们真正应该做的，不是居高临下地拆穿孩子的谎言，而是要走进孩子的内心世界，与他们建立信赖感，让他们敢于并愿意说出谎言背后的真正想法与诉求。

05/ 口头禅最能反映孩子的小心思

人们常说"三岁看大，七岁看老"，意思就是，在孩子年纪还小的时候，我们其实就已经可以通过他们的一些言行举止推测出他未来会长成一个什么样的人了。换言之，我们对孩子的教育是否成功，其实早在他们尚且年幼的时候，就已经初见端倪了。

那么，我们又如何才能知道，作为父母，我们对孩子的教育是否成功呢？正所谓"见一叶而知深秋，窥一斑而见全豹"，我们认识事物，未必一定非得将其看得清清楚楚，明明白白，才能给出评价，有时，仅仅从细微之处入手，其实就能窥见事物未来的发展趋势了。而在孩子身上，他们常常挂在嘴边的口头禅，实际上正是那"一叶""一斑"。

我的邻居杨女士有个女儿，年纪和我女儿相仿。两个小女孩住得近，又在同一所幼儿园上学，所以彼此之间算是比较熟悉的。但后来，没过多久，我女儿似乎就和杨女士的女儿闹翻了，即使路上偶然碰到，两个孩子也都是互不理睬的。

当时我觉得很奇怪，女儿向来好脾气，即使有时候和小伙伴闹别扭，没过多久就又和好如初了，可这一回，两个孩子却好像真的彻底断了情谊。

我去问女儿，究竟发生了什么事情，女儿这才告诉我，原来杨女士的女儿在幼儿园里是出了名的霸道，经常抢小朋友的玩具，而且还不愿意把自己的玩具分享给别人。一开始，女儿因为和她住得近，又在同一个班级，所以稍微走得近了些，她对女儿倒也没有像对其他小朋友那么霸道。但是后来，女儿发现，她为了让女儿不和其他小朋友玩，只和她一个人玩，竟然私下偷偷地骂女儿的其他小伙伴，还单方面替女儿和其他小伙伴"绝交"。后来，班上其他同学把这件事告诉了女儿，女儿和她大吵一架之后，就这么"决裂"了。

对于杨女士女儿的霸道，我并没有感到多惊讶，因为从平日里的很多小细节，其实就已经看出端倪了。比如之前有一次，我在小区的儿童游乐区看到杨女士的女儿和一个年纪比她小的孩子发生争执，原因是为了抢一架秋千。其实，那架秋千是那种很长的、带靠背椅子的式样，至少能坐下三个成年人，两个孩子一块儿玩更是绰绰有余。但当时，杨女士的女儿却坚决不肯让另一个小朋友和她一起玩，还极其霸道地吼了一句："这是我的，没有你的份儿！"

还有一次，我回家的时候，在路上看到杨女士和她的女儿，当时小女孩手里紧紧拽着一大包零食，一边哭一边冲杨女士喊着："凭什么给他，凭什么给他，这些都是我的，都是我的，不许给别人！"

虽然我并不清楚事情的前因后果，但从当时的情况也能推测出一二，无非就是杨女士打算把买给女儿的零食分给别人一部分，结果遭到女儿强烈地反对。当然了，如果一开始杨女士就明确承诺，零食是买给女儿的，那么她越过女儿把零食分给其他人确实不对。但不管怎么说，从杨女士女儿说的那句"都是我的"，就能知道，这个小女孩平日里是多么霸道，多么不愿意分享了。

都说童言无忌，小孩子说话做事和成年人不同，他们不会有太多的顾忌，也不会掩饰自己的想法和情绪，所以他们常常挂在嘴上的口头禅，实际上正是他们心中所思所想的反映。就像杨女士的女儿，不管是面对玩具、零食还是朋友，她都会理直气壮地说上一句"都是我的"，而这也正是她内心的真实认知，也是我们认识她的"一叶""一斑"。单从这样一句惯常说的话，我们对她的性格特点就已经了解得差不多了。

像有的孩子，不管做什么事情，都会习惯性地问身边的人："那你觉得呢？"从这句口头禅就能看出，这个孩子其实非常缺乏自信，不管做什么事情，都不能果断下决定，而是要先问一问别人，希望从别人那里得到答案。

再比如有的孩子，总是会把"我妈说"三个字挂在嘴上，说明他对母亲的依赖性有些过强了。虽然在孩子年幼的时候，这种"听话乖巧"的特质会让家长特别省心，但是从长远来看，如果孩子不能独立起来，摆脱"我妈说"这三个字，那么将来很可能会成为一个缺乏主见、性格软弱的"妈宝男"或"妈宝女"。

06/ 常说些奇怪的话，也许是个小天才

有时候，孩子的童言童语对于成年人来说，就像是难解的谜题，充满了天马行空的荒诞和让人哭笑不得的语法错误。有时候听得多了，又无法理解孩子的语言逻辑，父母就不免生出些许担忧，生怕孩子是不是有什么"毛病"。

其实，很多时候，孩子眼中"看到"的世界，与父母认识的世界是不一样的，孩子思考事情的逻辑也往往与父母有很大区别。因此，孩子那些在父母听来"奇怪"的话，其实并非是他们的胡言乱语，只不过是因为孩子有着丰富的联想，但却还不能熟练地运用语言表达，所以说出的话就让人有些"捉摸不透"。

有一段时间，我因为工作需要，在另一个城市待了三个多月，期间借住在一位朋友家中。那时候，朋友家是那种老式的院子，一个院里有四户人家，中间是一个宽敞的院心，常常有小朋友在这里玩耍。

当时，我留意到院里有一个奇怪的小女孩，经常一个人坐在院心里的一棵大树底下，嘴里嘀嘀咕咕地说着什么，很少和别的孩子一起玩耍。后来，我从朋友口中得知，这个小女孩是院里有名的"怪小孩"，经常一个人说些奇怪的话，很多人私底下都说，这个小女孩可能脑子有点问题。

有一次，我路过院心，正从小女孩身边经过的时候，突然听到她说了一句："呀，好大的飞船，从天上飞过去，把小鸟儿都吓坏啦……"

听到这话，我有些惊讶，见她正仰着头，眼睛亮晶晶的，看着天空，于是我也不由自主地转过头，往天上望去。只见碧蓝的天空中悄然划过一朵乌云，一群鸟不知是被什么惊了，正成群结队地冲上天空。

那之后，我又遇到过小女孩几次，从她口中听到了不少别人所说的"奇怪"的话。但留心观察之后我就发现，她说的那些"奇怪"的话，并非是在胡言乱语，相反，这些话语都十分有趣，并且都是在眼前看到的景象中融入了丰富的想象之后描绘出的画面。

过了很长一段时间之后，在一次偶然和朋友聊天的时候，朋友突然提起了那个"怪女孩"。那时候，她已经上小学了，听说学习成绩非常好，而且还在儿童杂志上发表了好几篇文章，成了他们院里有名的"小神童"，让许多曾经以为她"脑子有问题"的人都大为惊讶。

可见，当孩子经常说些"奇怪"的话时，未必就代表孩子"脑子有问题"，相反，他们也许还是小天才呢！只是身为父母的你想象力不足，所以理解不了他们口中的世界罢了。那么，到底哪些"奇怪"的话，预示着孩子可能会是个小天才呢？

图2-2 成人眼中的世界和孩子眼中的世界

第一，比喻的话。

有着丰富想象力的孩子常常会把眼睛看到的事物编入自

己的想象之中，甚至将它们完全变成另一种东西，经过这样的"加工"之后，孩子通过语言再描述出来的事物就和眼前看到的完全不同了。就像我遇见的那个小女孩，天上的乌云在她眼中成为空中的飞船，而她描述的她眼中那个奇妙瑰丽的世界，恰恰是很多缺乏想象力的人不能窥见的，于是这便成了"奇怪"的话。

所以，如果父母发现孩子总在说一些奇怪的话时，不要忙着去批评或矫正他们。想象力与创造力都是孩子最珍贵的天赋，试着耐心地去理解他们，听他们说话，你会发现，这些"奇怪"的话其实充满了珍贵的童趣。

第二，提问的话。

几乎所有孩子都喜欢问"为什么"。好奇是人类的天性，尤其是对世界还处于探索和认识阶段的孩子，无论看到什么，对他们来说都是新奇的，令人好奇的，所以不管看到什么，他们都总是想问一句"为什么"。

孩子对世界的认知与理解和成年人是有很大区别的，所以很多时候，他们的"为什么"难免让父母感到无言以对。这种时候，父母一定不要去呵斥或否定孩子，这是孩子探索世界、获得知识的重要途径。

第三，联想的话。

孩子的思维是非常跳跃的，这一刻说着这个，下一刻可能就跳到千里之外了。前一秒还在说着公园新修的湖泊，下一秒可能就联想到了香喷喷的牛肉锅，牛肉锅还没说完，立刻就又想到了放牧牛羊的大草原……

很多时候，父母跟不上孩子跳跃的思维和丰富的联想，就会觉得孩子说的话有些"乱七八糟"。其实，这却很可能是孩子丰富联想能力的一种表现，这对他们未来的学习和思维能力是有很大好处的。

请记住，不要轻易去否定孩子的言语，那些在我们听来"奇怪"的话，在孩子的世界里或许也有着一套独属于孩子的严密逻辑。作为父母，我们要懂得去理解孩子，尊重孩子，而不是轻易给他们打上"标签"，扼杀他们独特的天赋。

第三章
问与答的智慧，
挖掘问题就是挖掘宝藏

提问与回答，是众多交流方式中最为常见的。但是，这常见的问答，在交流当中却有着非同寻常的意义。一个充满疑惑的提问，一个充满智慧的解答，一来一回不仅能解决孩子内心的疑问，帮助孩子成长，还能加强与孩子的默契度，增进亲子关系。耐心做好与孩子的问答沟通，其实是在挖掘宝藏。

语言背后的
秘密

语言是一种互动式的动态实践

我们一直强调的孩子的语言表达能力，主要指的就是孩子的口语交际能力。口语交际是一种双向互动式的动态语言实践，与单纯的"听"或"说"都不一样。简单来说，口语交际能力的培养是需要有交际对象来配合实现的。

很多父母因为工作比较忙碌，或者自身比较缺乏耐性，对孩子语言学习的过程参与程度并不高。为了弥补这一点，父母们便给孩子购买了许多书籍和音像制品，让孩子通过阅读和听讲的方式来训练语言能力。

不管是阅读还是听讲故事、文章，确实能帮助孩子累积更多的词汇量，掌握更多的语法，但这并不能完全替代父母在孩子语言学习过程中的作用。有人可能会觉得，语言表达能力不外乎就是听和说，既然听也有了，说也有了，为什么还非要父母参与进去呢？

要知道，无论是"听"还是"说"，都是单向的、自我式的静态语言实践。而口语交际需要互动的动态语言实践，二者从本质上来说是不同的。而且，在缺乏交际对象又无法构成交际环境的情况下，孩子哪怕学会再多的语法，将口语练习得再清晰动听，也不代表他们就能在口语交际中有优秀的表现。

我认识的一个孩子就是这样，作文写得很好，在学校常常参加朗诵比赛，普通话说得非常标准，朗诵的时候也是感情饱满，十分具有感染力。但令人意外的是，他在交际方面，却完全不擅长，尤其是和其他人谈话时，总是显得特别笨拙，甚至经常因为说错话而得罪人。

之所以会出现这样的情况，是因为这个孩子的妈妈在他很小的时候就生病去世了，他的爸爸又整天忙工作，大部分时间都是保姆在照顾他。从小到大，他都没什么朋友，别的小朋友被爸爸妈妈带着出去玩的时候，他就一个人在家，听故事机讲故事、读绘本、看电视。保姆也不会经常和他说话，大部分时间里，他都是跟着故事机或电视里的内容大声朗读。所以，他能写出漂亮的文章，擅长朗诵，但是却极为缺乏与人交谈的经验。

口语交际就像是一道即兴题，想要做好这样的题目，是没有办法投机取巧找到答案的，只能在每天的"练习"中一点点总结经验，潜移默化地将它变成一种信手拈来的能力。所以，父母一定要记住，单纯的"听"与"说"是无法替代真正的"交谈"与"问答"的，而对孩子来说，再好的书籍和故事机也是无法真正替代父母的陪伴的。

01/ 孩子用"为什么"
打开未知世界的大门

几乎每个孩子都会有"十万个为什么"时期，似乎他们的小脑瓜里突然被塞进了一本书，上头写满了"为什么"。对此，不少父母都感到头疼不已，实在是孩子的问题太多太杂，还总是没完没了。

"为什么草是绿的？"

"为什么天是蓝的？"

"为什么太阳不睡觉？"

"为什么星星那么多？"

"为什么小鱼不能在岸上生活？"

……

孩子开始问"为什么"的时候，说明他们已经开始了对世界的探索，开始学会了思考，这是孩子成长路上一个非常重要的过程。这个时候，父母给予孩子怎样的回应，对孩子未来的成长是有很大影响的。如果父母能够加以引导，耐心回答孩子的"为什么"，那么孩子将来很可能会成为一个勤于思考的人；但如果父母对孩子的提问表现出不耐烦，甚至是因此而斥责孩子，那么就有可能让孩子从此之后再不敢问问题，甚至停止对世界的探索和好奇。

爱因斯坦曾说过这样一句话："我并没有什么特殊的才能，只是喜欢寻根问底地追究问题罢了。"而正是这种"寻根究底"的探求，使得爱因斯坦成为伟大的科学家。

可以说，好奇心是促进孩子思考和探索的重要动力。所以，当孩子进入喜欢提问的时期，父母一定要保护好他们的好奇心，他们口中的每一个"为什么"，都是他们探索世界、寻求未知的方式。父母对孩子的每一次积极回馈，都会成为激励他们继续思考和探索的动力。

在孩子年纪还比较小的时候，他们对世界的认知是被动的，父母说什么，他们就接受什么，不会去思考"为什么"。而当他们开始思考"为什么"的时候，说明他们已经不再满足于被动接收到的关于世界的"表象"了，而是开始想要了解表象背后的世界运转的规则和因果，这是一个非常大的进步。

为什么这样说呢？举个例子，当你给孩子一个机器人模型，并告诉他，这是一个什么样的玩具，可以怎么玩之后，孩子就认识这个东西了，知道它是什么，知道它被称作什么。如果这个机器人模型的某个零件突然散架了，那么孩子就只能束手无策地向你求救，或者直接放弃这个"坏掉"的玩具。

但如果在你给孩子这个机器人模型之后，他开始主动思考，这个机器人模型的组成原理是什么，为什么它的关节可以自由活动，它的构造到底是什么样的。等孩子弄清楚这些疑问之后，即使模型的某个零件散架了，孩子也可能会凭借对其构造和原理的了解而自行修复。

可见，当孩子对事物只知其然，却不知其所以然的时候，他们能做的事情其实是非常有限的，但当他们开始透过表象去思考本质，开始不断地通过"为什么"去了解事物的"所以然"之后，他们对事物就有了更深程度的了解，甚至能够通过思考抓住事物最本质的东西和发展的规律，如此一来，他们所能解决的问题就非常多了。所以说，当孩子开始问"为什么"的时候，说明他们在成长的路上又前进了一大步，这是非常值得父母骄傲的事情。

那么，当孩子问"为什么"的时候，父母应该怎样应对，才是给他们的最好答复呢？

首先，父母的态度一定要摆正，不要因为觉得孩子烦就随意打发他们。如果手边实在有事情要忙，或实在没有精力应对孩子的"十万个为什么"，可以让孩子先自行思考，之后再为孩子解答。要知道，在这种时候，父母的态度对孩子的影响是非常大的，如果父母表现出不耐烦的样子，就可能会让孩子产生一种错误的想法，认为"提问题"不是什么好事，以后即便有疑问，也可能不会再开口了。

其次，父母与其直接给孩子答案，不妨引导着孩子自己去找到答案。比如当孩子提问题的时候，父母可以告诉孩子，通过怎样的方式，可以找到他们想要的答案，从而引导他们自己去发现和寻找。当然，如果孩子的问题可以在现实中进行演示，那就更好了。

最后，也是最重要的一点。在孩子的"十万个为什么"时期，父母如果能够很好地加以引导，就可以帮助孩子尽早构建一个完整的知识体系，这对孩子未来的学习与发展有着非常积极的作用。

02/ 如何拓展对话？
复述孩子的话就对了

俗话说："酒逢知己千杯少，话不投机半句多。"父母总是想成为孩子的知己，但在现实中，很多父母和孩子之间却常常会出现"话不投机"的情况。

有这样的结果其实并不奇怪，父母与孩子之间，无论年龄、经历、想法都有很大差异，这种差异也就是我们常说的"代沟"。就好像我们自己和上一辈的父母之间，同样也存在着这样的代沟，这种代沟涵盖了审美、思想、逻辑、人生观、世界观、价值观等多个方面。

试想一下，当你和一个人聊天的时候，发现不管你说什么，对方都能接上话，对同样一件事情，你们的看法都非常相似。你义愤填膺的时候，对方也会跟你一起怒骂，说到你兴致勃勃的事情，对方也同样开心不已，这样的谈话是不是非常酣畅淋漓？如果还有机会，你会不会期待与对方的下一次交流呢？毋庸置疑，答案想必是肯定的。

但假如当你和一个人聊天的时候，不管你说什么，对方都接不上话，而且你们对同一件事情的看法也没有丝毫相同之处。你的愤怒，对方无法体会，你的开心，同样也无法传递给对方，这样的谈话又有什么继续下去的必要呢？

那么，问题来了，既然代沟是客观存在的，父母又该怎样做才能成为孩子的"知己"，与他们建立沟通，开展谈话呢？

其实，有一个很简单的方法，当你不知道该怎样继续与孩子的话题，或者拿不准孩子的态度，不知该对孩子的话作出怎样的回应时，只要复述孩子的话就可以了。我的一位朋友就亲身"试验"过这一方法，并且取得了非常不错的效果。

朋友的儿子今年9岁，也不知道从什么时候开始，朋友发现他和儿子之间的关系变得越来越疏远，每次说不了几句话，儿子就一副不耐烦的样子。对此，朋友也是感到非常无奈。

有一次，学校本来计划要去春游，结果突然下雨了，春游不得不取消。儿子对这次春游抱有很大期待，突然遇到这种事情，想来心情也不会很好。

果然，朋友下班回家后，就看到儿子坐在沙发上，一脸不高兴的样子。朋友本想上前关心几句，可没想到，才刚开口问了一句，儿子就怒气冲冲地吼道："还能是什么事？这破天气，怎么那么倒霉！早不下雨晚不下雨，非选今天下雨！"

如果是平时，朋友已经开口教训儿子了："这老天要下雨，又不是他的错，你心情不好，也不能冲他发火啊！再说了，这也不是什么大事，今天不去春游，等雨停了照样可以补上。"

但就在要开口之前，朋友突然想到，以前就是因为他这么对儿子说教，一点也不理解儿子的感受，所以才把父子间的关系弄那么僵的。于是，这次朋友没有急着教育儿子，而是顺着儿子的话说道："嗯，真的是太倒霉了，这天气，早不下晚不下，偏偏今天下！"

听到朋友的话，儿子反倒没那么气愤了，脸色渐渐缓和下来，沉默了片刻之后叹了口气，这才说道："啊，算了，下雨了也没办法，等雨停了学校还会补上，到时候再去春游吧！"

朋友点点头，继续应和到："是啊，幸好等雨停了学校还会补上。"

之后，儿子开始兴致勃勃地和朋友讨论，等下次春游的时候要带些什么零食，以及他们计划要去的地方有什么有趣的地方。

回忆起那天的事情，朋友自己都感到非常惊讶，怎么都没想到，原来他和儿子还能这样和谐地聊天。更令他感到惊讶的是，原来即使没有他那些义正词严的教训，儿子也是可以处理好自己的情绪的。

可见，很多时候，孩子之所以不愿意和父母交流，其实是因为感觉到了彼此之间无法共通的情绪。当他们因为愤怒而暴跳不已的时候，父母可能会理智地告诉他们，这么一件小事情不值得生气；当他们因为取得一些成绩而沾沾自喜的时候，父母可能会冷静地提醒他们，胜不骄败不馁；当他们生出某些天马行空的想法时，父母可能会严厉地告诫他们，做人要现实一些。

要知道，有些时候，孩子真正想要和你分享的，或许并不是某件事本身是对是错，或者某件事到底应该怎样去做。他们真正想要分享的，是他们遇到这些事情时候的情绪，他们真正想要传递给父母的，是他们在面对这些时候的心情。在这个时候，如果父母缺乏同理心，不能正确接轨孩子的"节奏"，那么父母与孩子之间的沟通大门便会缓缓关闭。

03/ 孩子自言自语，是不是有"毛病"

很多父母在陪伴孩子的时候，都会发现，在某些时候，孩子总是在自言自语，就好像自己在和自己对话一样。这样的异常现象让不少父母都担忧不已，生怕孩子是不是在精神方面有什么"毛病"。

我认识一位宝妈，她的姑姑患有精神方面的疾病，所以在发现3岁的女儿经常自言自语的时候，就非常担忧，多次带着女儿去看医生。幸好女儿非常健康，并没有出现宝妈担心的情况。

其实，在儿童期的时候，孩子确实有可能出现精神分裂的症状，但自言自语并不是一个典型的判定标准。通常来说，患有精神分裂症的孩子，除了自言自语，还伴随着其他一系列的症状，如情绪淡漠、运动不协调、情绪紧张、语言表达缺乏逻辑、行为有头没尾等。如果只是单纯的自言自语，父母并不需要过多担心，因为这其实是绝大多数孩子在成长过程中都会经历的一个语言发展阶段。

维果茨基是苏联著名的心理学家，对儿童心理学有着非常深入的研究。他将孩子自己和自己说话的自言自语称为"私语现象"，并认为，这是一个对孩子语言认知发展十分有益的阶段。维果茨基提出，孩子的自言自语并非是毫无意义的，他们的自言自语，实际上是帮助自己调节行为的一种方式。

简单来说，我们可以把孩子从婴儿期进入幼儿期的语言发展分为三个阶段：

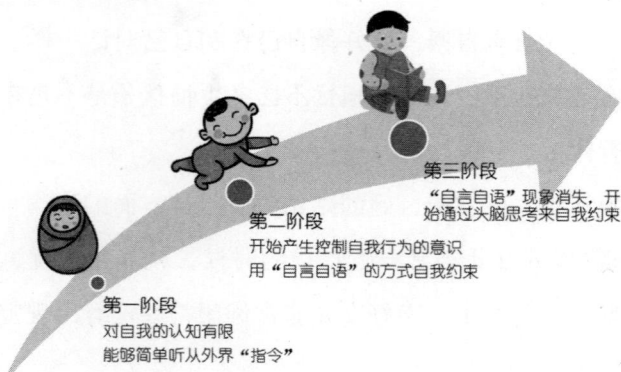

第三阶段
"自言自语"现象消失，开始通过头脑思考来自我约束

第二阶段
开始产生控制自我行为的意识
用"自言自语"的方式自我约束

第一阶段
对自我的认知有限
能够简单听从外界"指令"

图3-1 孩子语言发展的三个阶段

在第一阶段，孩子会从外界获得一些"指导"。比如父母会告诉孩子，什么东西是危险的，不能触碰。在这个阶段，孩子年纪还比较小，对世界的认知十分有限，没有能力控制自己，只能简单地听从外界"指令"。

到第二阶段，孩子经历过长时间的学习与训练，已经开始有了控制自己行为的意识。这时候，他们的行为已经不需要完全依靠外界"指令"来约束了，于是他们开始模仿家长的方式，用语言来约束自己。于是，孩子自言自语的现象便出现了。

这种现象其实并不奇怪，事实上，即使是在成年人身上，也会出现这样的状况。比如，我们即将要做一件不太熟悉的事情时，为了加强记忆，往往会一边做，一边自言自语地把步骤说出来，提醒自己下一步应该做什么。

当孩子的心智发展到一定程度之后，就进入了第三阶段，这时候，孩子自言自语的现象开始减少，甚至消失。因为到这个时候，他们已经不需要再通过"自言自语"来控制自己的行为了，这些"指示"完全可以在头脑中通过思考来完成。

还有一个现象非常有趣，人们发现，当孩子在犯错之后，更容易出现自言自语的情况。这也进一步佐证了"自言自语"对孩子控制自己行为与思维的重要作用。

当然，虽然说自言自语是孩子语言发展的一个正常阶段，但作为父母，我们也不能对此毫不关心。那么，当发现孩子开始进入"自言自语"的阶段时，我们可以做些什么呢？

第一，教授孩子更多的东西。

当孩子开始用自言自语来控制自己的行为时，说明他们的自主意识已经开始形成，不再单纯地听从外界的"指令"了。所以，在这个时候，我们可以考虑尝试教授给孩子更多的东西，让他们得到更多的锻炼与成长，从而取得更大的进步。

第二，帮助孩子加强自我控制。

"自言自语"可以看作是孩子语言发展的一个过渡阶段，它的出现是孩子思维和语言发展的一个进步，但它并不是发展的"终点"。在这个阶段，孩子的主要任务，是要完成"自言自语"到"内心控制"的转变，学会用头脑而不是用嘴巴来进行自我控制。

为了帮助孩子尽快完成这一转变，父母可以给孩子安排一些需要按步骤完成的"任务"，帮助孩子加强和熟悉自我控制的方式，通过量的积累完成质的飞跃，从而实现"自言自语"到"内心控制"的转变。

第三，留意孩子"自言自语"的具体状况。

虽然自言自语是绝大多数孩子都会经历的正常阶段，但需要注意的是，正常来说，这只是孩子语言发展的一个过渡阶段，如果持续时间过长，那么父母就要警惕了。

此外，孩子自言自语的内容也是非常重要的。比如当父母发现孩子自言自语的时候，经常出现重复或者不规则的语言，那么孩子很可能患有某些发育性疾病，或在语言方面存在一些障碍，需要尽快就医检查。

04/ "门把手"语言，简单又高效

父母与孩子有着天然亲密的血缘牵绊，在孩子成长的过程中，父母既是引路人，又是保护者，这样的关系是非常亲密且牢固的。但伴随着孩子的成长，他们对父母的依赖开始越来越少，很多父母渐渐发现，孩子变得越来越不喜欢与父母沟通，似乎无论怎么努力，父母都只会被孩子越推越远。

其实，孩子的成长本就是一个逐渐独立的过程，他们不可能永远把父母当作自己的全世界。随着年龄的增长和阅历的增加，他们开始有了自己的心思、自己的秘密，不会再事无巨细地向父母汇报了。

但任何事情的发生都不会是毫无缘由的，孩子的独立也并非是一蹴而就的事情。所以，如果有一天你发现孩子突然拒绝与你进行交流，那么首先要做的，就是探究清楚，到底是什么缘由让你们之间的沟通出现了裂痕。

通常来说，孩子不愿意和家长交流，普遍是因为以下几个原因：

第一，孩子认为家长忽略了他们。

当孩子表达意见的时候，很多家长其实是不怎么重视的，因为他们觉得，孩子年纪小不懂事，很多想法都比较幼稚，没必要太认真去对待。而且，孩子的世界相对简单，他们烦恼的事情也并没有多严重，所以在有其他"更重要"的事情需要做的时候，就可以把孩子的事情先放一放。

然而，正是这样的想法，很容易让孩子觉得自己不受家长重视，继而失去与家长交流的欲望。

第二，家长的"打击教育"让孩子感到反感。

很多家长在和孩子交流的时候，总喜欢摆出一副"教导者"的样子，为了不让孩子产生"骄傲自满"的心理，甚至常常会用"打击教育"的方式，对孩子进行批评教育。面对这样的家长，孩子自然也就很难产生与之交流沟通的欲望了。

第三，孩子感受不到家长的"同理心"。

思维和经历的不同造就了孩子与成年人之间不同的价值

观和世界观。很多时候，对于成年人来说，那些让孩子欣喜若狂或悲痛不已的事情，都只是人生路上鸡毛蒜皮、不值一提的小事。因此，当孩子满含期待地与家长分享一些他们认为非常"重要"的事情时，往往得不到相应的反馈，久而久之，家长的"冷淡"便浇灭了孩子的热情，他们自然也就不再愿意和家长沟通了。

弄清楚原因之后，"对症下药"其实也就不那么难了。当父母发现孩子与自己之间已经形成沟通障碍之后，最直接有效的方式，就是想办法打破这层"障碍"，让孩子重拾"说话"的欲望，从而降低孩子与父母进行沟通交流的抵触情绪。

那么，我们先来思考一下，在什么样的情况之下，我们会产生愿意和别人交流的欲望呢？回忆一下那些让你滔滔不绝的场景，以及那个让你忍不住想要一直交谈的对象，那是什么样的一种感觉呢？满足、快乐，感觉自己说的话受到重视，对方对自己所说的一切都充满兴趣，并能够给予自己最真切的回应。

要想打破孩子与我们的隔阂，让孩子重新激起和我们沟通的欲望，我们就要想办法让孩子不断产生这样的感觉，从而勾起他们说话的欲望。要做到这一点，最简单高效的办法莫过于使用"门把手"语言法了。

所谓"门把手"语言法，顾名思义，就是给谈话安装一个"门把手"，通过这个"门把手"来打开谈话的大门，消除沟通的隔阂。那么，具体应该怎么做呢？

简单来说，"门把手"语言主要有两种：

一是不带有主观意见地去应对孩子说的话，鼓励孩子按照自己的想法去说。当孩子和你陈述某些事情的时候，你可以用一些不带任何意见的话来应和，如：

"是这样吗？"

"嗯嗯，好像很有意思。"

"真的这样发展了呀？"

这样的言语不会传达任何意见或偏向，但却能让孩子知道，你在听他所说的话，并愿意继续听下去。

二是更积极地参与谈话，让孩子感受到你对他的接纳和尊重，以及你对他的说话十分感兴趣。比如：

"那后来怎么样了？我很想知道后续的发展。"

"天啊，这真是太令人意外了，你一定很吃惊吧？"

"这么说，这件事情对你影响似乎很深。"

不管你使用的是哪一种方法，最重要的是，要传达出你对孩子的尊重和关注，以及对你们谈话的重视，这些都是打开谈话、建立沟通的关键。

05/ 每一位父母必学的"回应术"

在探索世界的过程中，孩子总有很多的疑问，每当这个时候，他们就会选择向父母求助，希望能够从父母那里得到问题的答案，来解决自己的困惑。可是很多时候，对于孩子的"十万个为什么"，父母也并不是都能给出答案的。

之前我们就强调过，当孩子向父母提问题的时候，父母回应的态度与方式，对孩子是有很大影响的。如果父母对孩子的问题采取回避或拒绝的态度，那么孩子就很可能再也不敢向父母提问题，甚至会失去探索世界的好奇心，这对他们未来的发展是有很大负面影响的。

所以，为了避免这样的状况，每一位父母都应该学会应对孩子问题的"回应术"，在不让孩子失望的同时，巧妙解决那些难以回答的问题。

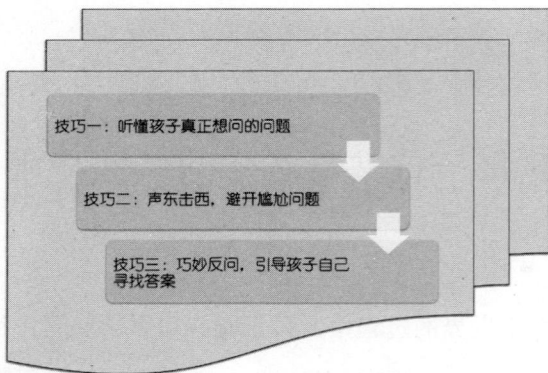

图3-2 应对孩子问题的"回应术"

技巧一：听懂孩子真正想问的问题。

孩子提出问题，通常是为了解决自己的困惑。但某些时候，孩子提出问题，或许只是为了宣泄情绪，而不是真的想从父母那里得到什么答案。

比如我女儿刚上小学的时候，有一次放学回家，她突然跑到我跟前，问我："爸爸，我可以不去上学吗？为什么我一定要去上学呢？"

在问这个问题的时候，女儿表现得很生气，同时又似乎有些沮丧。我意识到，此刻的她情绪非常激动，她提出这样的问题，或许并不是真的想从我这里得到是或否的答案。于是我问她："发生了什么事情，会让你产生这样的想法呢？

可以告诉爸爸吗？"

接着，女儿才气愤地把事情告诉了我。原来今天上课的时候，有个同学给她传纸条，她本来不想理会，可那个同学直接就把纸条丢到了她的桌子上。偏偏这个时候，班主任路过教室，透过窗户看到女儿桌上的纸条，直接当着全班同学的面把她叫出去批评了一通。女儿觉得自己很委屈，也很生气，这才萌生出"不想上学"的想法。

了解了前因后果之后，我很快把女儿的情绪安抚了下来。

作为父母，在孩子提问的时候，一定要留意孩子的情绪，听懂孩子问题背后的潜台词，这样才能真正帮助孩子解决困惑，寻找到让他们满意的答案。

技巧二：声东击西，避开尴尬问题。

很多孩子都向父母问过这样一个问题："爸爸/妈妈，我是从哪里来的？"面对这种尴尬的问题，很多父母的处理方法不外乎三种：一是敷衍孩子，告诉他"等你长大就知道了"；二是直接回避，不作任何回答；三是随口乱说，搪塞孩子，比如告诉他们，是"充话费送的"，或者"石头缝里蹦出来的"，或者"垃圾桶里捡的"等等。

这三种处理方式显然都不是最好的，不管是敷衍孩子，还是直接逃避问题，都不会让孩子感到满意，而随口乱说来搪塞孩子，更是容易让孩子信以为真，胡思乱想，甚至可能给孩子造成巨大的心理压力。

其实，在面对孩子提出的尴尬问题时，父母可以"声东击西"地给出一些似是而非的答案，比如告诉孩子"你是爸爸妈妈爱的结晶"，然后再顺势转移话题，用新的问题吸引孩子的注意力，避免他继续追问。

技巧三：巧妙反问，引导孩子自己寻找答案。

在探索世界的过程中，孩子对许多东西都是充满好奇的，比如看到天边有彩虹，他们会问彩虹是怎么形成的；看到水里有游鱼，他们会问为什么游鱼只能生活在水里；看到太阳升起，他们会问为什么太阳每天都要从东方升起；看到满天星辰，他们会问为什么天上挂着这么多星星……

对于孩子千奇百怪的问题，父母不可能每一个都给出答案。而且，即便是那些父母能够给出答案的问题，如果直接告诉孩子，他们也未必就能记住，甚至可能下一次依然会询问同样的问题。所以，在这个时候，最好的应对方式，就是通过反问，引导和鼓励孩子自己去寻求答案。

比如有一次，我听到一个孩子问妈妈："妈妈，为什么有的云是白色的，有的云是灰色的，还有的云是黑色的呢？"

那位妈妈没有直接回答孩子的问题，而是反问道：

"那你觉得呢?白色的云、灰色的云和黑色的云有什么不同呀?"

孩子想了想,说道:"白色的云干净,灰色的云脏,黑色的云更脏!"

听到孩子的话,那位妈妈笑了笑,说道:"这样吧,等下午妈妈带你去图书馆的时候,我们一起在书上找一找,看看你说的对不对,好不好呀?"

这位妈妈回应孩子问题的方式就十分值得我们借鉴。一方面,这样的回应方式可以培养孩子独立思考问题的能力,而不是一遇到问题就只会张着嘴问别人;另一方面,这样的回应方式也能帮助父母避开不会回答某些问题的尴尬,在孩子面前维护好自己的高大形象。

06/ 探究式对话让孩子发现自己的秘密

每当提到童年的时候,人们首先想到的形容词,必然是"无忧无虑"。似乎在成年人心中,年幼的孩子都是没有忧虑和烦恼的,就好像他们从来不会独立去思考一些复杂深奥的问题,不会产生难解的困惑,也不会滋生任何痛苦与忧愁。

然而，事实真的如此吗？试着回忆一下遥远的童年，你会发现，即便年幼的孩子还不需要直面社会的残酷，即便童年生活相比成年世界确实要简单快乐得多，但这并不意味着孩童时期的我们就真的没有烦恼与忧虑。

事实上，在成长的道路上，孩子的困惑或许远比成年人要多得多，因为他们对世界的认知还处于探索阶段，他们有太多想不明白的事情，有太多找不到答案的问题。更重要的是，在这个过程中，他们寻找到的"答案"，以及他们通过思考得出的"结论"，最终都会成为他们树立世界观、人生观、价值观的重要依据。

我女儿刚上小学的时候，有一次，我们一起在家看电视，里面有一个情节，是女主角的妈妈临死之际嘱咐女主角，一定要幸福地生活下去。女儿突然就问我："爸爸，什么是幸福的生活？"

女儿的问题让我感到很惊讶，我没想到她会这样问我。更令我感到意外的是，还不等我回答，女儿又接着问道："爸爸，她的妈妈是死掉了吗？什么是死掉？人是不是都会死掉？"

当时的回答我已经记不清了，但正是从那一刻，我才终于意识到，我以为尚且年幼还不懂事的女儿，其实早已经开始思考人生了。

在我们不曾注意到的时候，孩子其实一直在悄悄成长，心智一天比一天成熟。我们总是习惯把"不懂事"的标签贴到孩子的身上，但却忘了，他们也懂得用自己的方式去探索世界，思考人生。在这个过程中，如果我们可以引导孩子去认识世界、认识自己，引导他们更积极地去思考人生，那么对他们世界观、价值观、人生观的形成，必然是能起到积极作用的。

在引导孩子思考的时候，我们可以采用探究式的对话方式，鼓励孩子通过自己的思考，发表自己的看法。这是非常重要的一件事，我们可以成为孩子的引导者，启发他们的思维，带领他们去思考，得出自己的结论，但却不能将自己所认为的"正确答案"强行灌输给他们。对于孩子来说，学会如何思考远比得到所谓的"正确答案"要有意义得多。

那么，什么叫作"探究式的对话"呢？简单来说就是，在面对孩子提出的问题时，不要直接给出答案或者建议，而是以提问的方式，引导孩子一起去探究，推进孩子自己去进行思考。比如：

孩子问："我们怎么会知道自己现在经历的事情是真实的还是在做梦呢？"

家长答："那你认为什么是真实？什么是做梦呢？"

探究式的对话可以帮助孩子学会独立思考，建立更清晰的逻辑思维，并让孩子在对话过程中学会如何更好地表达自己的意见，同时也锻炼了孩子的沟通交流能力，可谓一举数得。

　　除了孩子主动提问，父母其实也可以通过绘本、游戏、戏剧等多种载体方式，主动和孩子开展探究式对话，帮助他们锻炼思维能力和语言能力，并培养主动思考、善于思考、乐于思考的习惯。

　　更重要的一点是，利用探究式对话，可以帮助孩子把握学习与思考的"大方向"，让他们的学习与思考变得更有"价值"，而不是在一些没有意义的命题上浪费时间。学习与思考都是有成本的，孩子在学习和思考的过程中，不可避免会耗费大量的时间与精力，而我们作为引导者，最重要的作用，就是帮助孩子掌控好大方向，尽量去学习和思考那些能够产生回报的问题，让他们在成长的道路上有所收获。

第四章
会说话的孩子
一开口就赢，赢在哪？

人人都会说话，但说出话的质量却大不相同。有些人的话苍白无力，有些人的话让人如沐春风，有些人的话则充满力量。可见，说话很简单，把话说好却不是一件容易的事情。那么，如何让孩子成为一个会说话的孩子呢？怎样的孩子才算是会说话的孩子呢？

语言背后的秘密

表达力是其他一切能力的基础

我们一直在强调语言表达能力对孩子未来发展的重要性，那么它究竟有多重要呢？或许可以这么说，表达能力是其他一切能力的基础。

我们认识一个人，是从与对方展开交流开始的。在彼此建立交流之前，我们对彼此的认识往往只停留在表面，比如对方的外貌、穿着、举止等，通过这些印象，我们可能会给对方外貌出众或举止文雅一类的评价。但如果想要更进一步了解对方有什么样的能力或优势，那么就必须先与对方建立交流。

在这个世界上，没有任何人有"读心"的能力，所以哪怕你再优秀，如果不能将自己的优秀表达出来，让别人看见，那么你的优秀就只能在不为人知的角落孤芳自赏，这样的话，你的优秀还有什么意义呢？这就像一个身怀巨宝的人，却根本无法动用这个巨宝，也无法让别人知道这个巨宝，这样一来，是巨宝还是石块就根本不重要了，反正都是无法表达出来，无法创造价值的东西，又有什么区别呢？

所以我们才说，表达能力是其他一切能力的基础，因为不论我们拥有任何一项才能，都必须要能将其展示出来，才可能实现相应的价值。

对孩子来说也是这样，无论什么时候，嘴甜的孩子永远都比那些沉默寡言、不会表达的孩子要讨喜得多。这其实也是人之常情，毕竟感情都是相处出来的，一个常常冲你笑、冲你说好听话的人，和一个对你不冷不热、自身也没有什么存在感的人，恐怕任谁都会更喜欢和前者相处。

常言道："会哭的孩子才有奶吃。"这是非常现实的事态，不管想要什么东西，如果你不表达出来，别人又怎么会知道呢？更何况，在这个世界上，无论做任何事情，都不会缺乏竞争者，而资源永远都是有限的，如果你不懂表达，那么这些资源就只会被优先分配到那些懂得表达的人手中。

所以，作为父母，一定要重视孩子语言表达能力的培养，让孩子能够一开口，就赢在"起跑线"上。

01/ 别让"词不达意"成为一种遗憾

对许多父母来说，照顾婴幼儿时期的孩子，最辛苦的一点就在于双方无法用语言进行沟通。那时候，孩子还不会说话，无法用语言来表达自己的意见。于是，每当他们有所需求的时候，就只能痛苦哭嚎来提醒父母。而父母呢，由于无法了解孩子的需求，于是就只能通过经验与猜测来不断尝试，直到满足孩子的需求，让他们停止哭泣。

想必当孩子号啕大哭，父母却束手无策时，无数父母都想过，要是科学家们能发明一台"婴儿语言翻译机"，让他们可以直接"听懂"孩子的话，了解孩子究竟想要什么，为什么哭泣，那该有多好啊！从这也能看出语言沟通的重要性。

不只是带孩子，在生活的方方面面，只要有需要和人打交道的地方，沟通都非常重要。买东西我们要沟通价格，谈生意我们要沟通条款，交接事情我们要沟通细节，顺畅的沟通能够让我们在做事情时事半功倍，而词不达意的沟通只会浪费我们的时间，甚至激化彼此的矛盾。这就是为什么我们一直强调语言教育的重要性，可以说，拥有好的语言能力，对孩子未来的成功有着至关重要的决定性作用。

某次，我认识的一位朋友去某大学考察，途中想上洗手间，但负责接待的老师还没赶到，于是就向一位正好路过的大学生问了路。可就是这么一个简单的问题，那个学生却支支吾吾半天都没说清楚，一会儿南、一会儿北，一会儿左、一会儿右，让朋友听得满头雾水。最后，朋友只得假装自己已经听明白了，一边道谢一边打发走那个学生，然后再向别人问了路。

这件事让朋友感到非常诧异，他说自己从没想过，一个能搞懂复杂"数理化"问题的大学生，会连一个简单的"指路"问题都表述不清楚。也是从那之后，朋友开始注意孩子的语言教育问题，并开始有意识地训练孩子的逻辑思维能力和语言表达能力。

为了让孩子赢在起跑线上，父母总是希望能让孩子多学习一些技能，如书法、绘画、钢琴、跳舞等等，但很少有父母会专门让孩子学习"说话"。在大多数人的认知里，说话可能根本称不上是一种"技能"。说话有什么难的呢？想到什么就用语言说出来不就行了吗？但事实上，即便是在成年人中，也有不少人是不善于"说话"的。他们可能心有丘壑，却总在表达时因"词不达意"而无法将自己的所思所想传达给别人。

不得不说，如果因为语言表达能力的欠缺，而无法将自己的优秀表达出来，那该是一件多么令人遗憾的事情啊！更重要的是，如果在说话时总是词不达意，那么就很难与别人建立有效的沟通，这样一来，无论生活还是工作，都会被各种不必要的误解与麻烦所困扰。

所以，学会如何"说话"真的很重要，会说话的孩子，只要一开口，就已经赢在了起跑线上。那么，为了避免孩子因语言表达能力的欠缺而陷入"词不达意"的麻烦中，我们可以为孩子提供怎样的帮助呢？

第一，说话要有重点。

说话没有重点是绝大多数语言表达能力不佳的人都存在的一大毛病。孩子在刚开始学说话的时候，对语言的把握还不够熟练和精准，出现说话缺乏重点的情况并不奇怪，这时候，父母应该有意识地对孩子做出引导，让他们在说话之前，先把重点"挑"出来。这样的方式不仅能够帮助孩子加强语言的表达能力，同时也能帮助他们训练逻辑思维。

第二，提出问题要具体。

在沟通的过程中，为了了解对方的想法，我们通常会以提问的方式来鼓励对方进行发言。在这个过程中，我们所提出的问题越具体，才越容易得到我们想要的答案，从而让沟通更高效。和孩子对话的时候，父母也要牢记这一点，在提出问题时，尽量描述具体清楚一些。

第三，留给对方缓冲的空间。

沟通是双向的，如果只有一个人滔滔不绝，那么就根本称不上是"沟通"。所以，父母在和孩子沟通的时候，也要注意这一点，不要总是自说自话地发号施令，而是应该留出让孩子发表意见的空间。反之也是一样，要教会孩子倾听，并尊重与之谈话的对象，留给对方缓冲的空间。

02/ 3分钟了解语言框架转换术

语言是非常神奇的，有时候明明说的是同一件事，但只要换一种说法，就能给人截然不同的感受。这就是为什么明明都是在讨论同一件事，都是同一个意思，但那些会说话的人总能把话说得漂漂亮亮，让人听着就舒心；而那些不会说话的人则总把话说得尴尬不已，让人听着就扎心。

其实，任何事物都是具有两面性的，有悲观消极的一面，同样也有乐观积极的一面，重要的是我们从哪个角度来看待这个事物。而当我们用语言来进行表达时，同样也是具有两面性的，即使表达的是同一个意思，我们也能用不同的表达方式，来为它赋予截然不同的情绪和体验。

我女儿的小学老师就是个非常会说话的人，每次和她交谈的时候，我都能从她的话语中感受到那种积极向上、生机勃勃的力量。

记得有一段时间，女儿因为沉迷手机游戏，成绩直线下滑，尤其是期末考试成绩出来之后，她在班级里的排名竟然跌落了十几名。当时我非常生气，刚开完家长会就忍不住训斥了她几句。

老师很快注意到了这边的情况，听到我在训斥女儿，便开口安抚我说："比起强调问题，现在我们更应该关注的是怎样解决问题。"然后老师又转向女儿，笑着对她说："加油，你的成绩还有很大上升空间，老师知道，这不是你的真实水平。"

女儿因为沉迷手机游戏而导致成绩下降，在这件事中，很显然她是犯了错的。而老师为了安抚我的情绪，提醒我解决问题比强调问题要更重要。老师的话确实是基于事实的，她没有为女儿犯错找借口，但却成功把问题的焦点转移了，引导我把关注点从"女儿犯错导致成绩下降"转移到了"该如何帮助女儿提升成绩"上，让我情绪能够迅速稳定下来。

对女儿同样也是如此。成绩下降，被家长批评，女儿的情绪必然也是十分低落的。老师非常巧妙地把"成绩下降"转换成了"成绩有很大上升空间"，说白了都是一回事，但

后者的表述显然要比前者更积极向上，也更能让人感觉到
"希望"。

　　这种巧妙的语言表达方式其实就是一种"语言框架"的
转换，原本负面的信息，经过框架的转换之后，将"问题"
和"挫折"变成了"挑战"与"机会"。本质上来说，它们
并没有什么区别，但不同的表达方式，却能带给人截然不同
的感受。这就好比玫瑰花的"两面"，一面看到的是"花下
却长满了刺"；另一面看到的则是"刺上竟盛开着花"。前
者聚焦于事物的"缺陷"，后者则更关注"缺陷"中诞生的
"美好"。

图4-1 看到的是花还是刺

　　任何事情都是可以一分为二去看的，就像任何一句话也
都是可以有不同的情感表达的。掌握这种语言框架转换术，
我们在和孩子交谈时，就能通过改变表达的情境或意义，对

孩子进行积极正面的引导。在这种潜移默化的影响下，孩子也必然会成为一个积极向上的人。

更重要的是，父母的说话方式对孩子是有很大影响的，一个生活在积极向上语境中的孩子，在语言表达上也会更偏向于积极向上的一面。这对孩子未来的交际是有很大帮助的，毕竟相比起那些总是传递负能量的人来说，相信人们更愿意和那些积极向上，身上满是正能量的人相处。

03/ 3000 万词汇是未来的财富量

语言学习对孩子未来的发展真的有用吗？如果有用，又有多大的作用呢？这是许多父母都在纠结的问题。其实，如果父母们对美国芝加哥大学的教授达娜·萨斯金德发起的"3000万单词"项目有所了解，就不会存在这样的疑问了。

那么，"3000万单词"项目究竟是怎么一回事呢？这其实是萨斯金德博士发起的一项调查。萨斯金德博士跟踪记录了42个美国家庭的亲子对话状况，并对这些记录下来的对话进行了详细的分析。结果发现，在这些家庭中，高收入的家庭平均每小时要比低收入的家庭多说大约300个单词。

这也就意味着，生活在高收入家庭的孩子，平均每小时会比生活在低收入家庭中的孩子，多听到大约300个单词。如果这一情况继续下去，那么累积到4年之后，这些生活在高收入家庭中的孩子，将会比那些生活在低收入家庭中的孩子多听到大约3000万个单词。

这是一个非常惊人的数据，更重要的是，这不仅仅只是一个数据，它对这些不同家庭孩子的未来，有着非常巨大的影响。因为萨斯金德博士在研究中发现，这些来自不同家庭中的孩子之间的3000万词汇量差异，对他们未来的语言发展能力，以及学习成绩和智商，都有着非常巨大的影响。更重要的是，博士认为，这样的差距仅仅只是开始而已，随着孩子年龄的增长，在未来，他们之间的差距将会越来越大。

从萨斯金德博士的研究中可以推测，那些能够"赢在起跑线"上的孩子，很大可能是因为他们生活在一个良好的语言环境中。也就是说，家庭的语言环境对孩子的未来是有很大影响的，语言能力的培养和训练对孩子未来的发展有着十分积极的作用。

看到这里，可能会有人产生疑问：家庭语言环境的优劣是由经济状况决定的吗？如果是这样，那么是不是意味着，低收入家庭的孩子注定很难有好的未来呢？

根据萨斯金德博士的调查研究情况，表面上看似乎确实如此，但实际上，真正影响到孩子未来智力和语言能力发展的，并非是经济收入的高低，而是父母与孩子互动时对话质量的高低。

试想一下，那些经济拮据的父母，每天都在为了维持生活而疲于奔命，能有多少时间投入到孩子身上呢？更重要的是，每天的工作已经让人疲惫不已，回到家之后，又哪里还有多余的精力去耐心应付孩子的"十万个为什么"？在这样的情况之下，亲子之间的对话质量又如何得到保证？这就是为什么通常而言，高收入家庭的语言环境要比低收入家庭的语言环境质量更好。

父母与孩子的对话质量之所以能够对孩子未来的发展有这样重大的影响，是因为父母与孩子的互动，能够激发孩子的大脑。而这种亲子之间的互动质量越高，在激发孩子的大脑时所能达到的效果就越好。那么，什么样的亲子互动才算是高质量的互动呢？简单来说，有三点需要注意的：

第一，父母要理解并认同孩子的情绪。

在与孩子进行沟通的时候，父母一定要懂得换位思考，做到理解并认同孩子的情绪，站在孩子的角度去理解孩子的感受与经历。只有这样，双方在沟通中才能引发共情作用，让沟通达到更好的效果。

第二，让沟通更加多样化。

沟通除了语言沟通的方式之外，还有非语言的沟通方式，比如有意义的手势或肢体语言。父母在与孩子沟通的时候，如果能用更加多样化的方式，那么不仅能让沟通更有乐趣，同时也更能激发孩子的大脑。

第三，把亲子互动变成一种日常习惯。

无论是词汇量的积累，还是语言能力的培养，都不是一朝一夕就能完成的事情。所以，父母与孩子的亲子互动也应该成为一种日常习惯，这样才能让孩子在潜移默化中完成量的积累到质的飞跃。

父母与孩子之间的沟通，就像是一场优美的双人舞蹈，只有相互配合，有来有回，才能更好地完成这场"表演"。而在这场"表演"中，父母给予孩子的积极回应和正面肯定，对孩子未来的语言能力发展和心理健康情况，都有着非常重要的作用。

总而言之，父母的言语塑造了孩子的大脑，而孩子的语言能力发展则进一步决定了未来的成败。

04/ 语言丰富的孩子是用书"喂"大的

我们发现，那些语言丰富的孩子大多都是喜爱阅读的。这其实并不奇怪，阅读的确是发展孩子语言能力最有效的手段之一。

此前说过，孩子每天所使用的词汇，有86%—98%都是与父母一致的，因此，高学历家庭的孩子在语言表达方面所使用到的词汇以及表达方式，往往会比低学历家庭的孩子更为丰富。

这其实不难理解，虽然语言学习能力是人类与生俱来的天赋，但人也并非是一生下来就会说话的，只有经过努力而漫长的学习，我们才能真正掌握语言表达的能力。而我们头脑中所能储存下的词汇，也必然是那些我们曾听过或看过的，不会凭空得来。

一般说来，在日常对话中，人们其实不太会使用太复杂的词汇。比如看到月亮的时候，如果是写文章，我们可能会用大量的修辞手法和形容词去描述月亮的美，比如"皎洁的月亮挂在天边，清冷的光辉如水一般倾泻下来，在院子的石板路上流淌"之类，但如果是和身边的人对话，或许我们就只会感叹一句："今晚的月色真美啊！"

可见，阅读所能带给孩子的"词汇量"和"修辞手法"都是日常对话所不能替代的。那些用书"喂"大的孩子，在语言表达的丰富程度上，是绝对高于那些没有良好阅读习惯的孩子的。而且，更重要的是，对于那些父母亲比较忙碌，几乎没有多少时间可以和孩子建立良好亲子沟通互动关系的家庭来说，书本的陪伴也可以稍微弥补一些孩子在语言发展能力方面的欠缺。即使阅读未必能提升他们的"说话"能力，但至少能够让他们在词汇量的积累方面不落于人后。

需要注意的是，虽然读书确实能够很好地帮助孩子提升语言能力，丰富他们大脑中的词汇量"库存"，但读书并不能完全取代日常生活中的正常交流。更何况，凡事过犹不及，如果太过强求，那么读书也可能变成一种沉重的负担，失掉了原本的乐趣。

我认识一个单亲妈妈，她在几年前就和丈夫离婚了，独自抚养5岁的儿子。为了给孩子更好的生活，这位妈妈把大部分的时间与精力都投入到了工作上，儿子大部分时间都是交给外公外婆照顾的。

为了不让儿子输在起跑线上，这位妈妈绞尽脑汁地帮助儿子培养阅读习惯。在儿子还不认识字的时候，她就买了不少以插图为主的图书回去给儿子看，还给儿子购买了故事机，并嘱咐父母每天都要把她准备好的读书音频放给儿子听。等儿子开始认字了，只要听别人说好的书，她都会一股脑地买回去让儿子阅读，并且每天都还强制规定了阅读的数量。平时只要有时间在家，她便给孩子读诗、讲故事……

她很自豪地告诉我们，她儿子虽然才5岁，但每年的阅读量已经达到了100万字。这个数字确实非常惊人，但也让人不由得感受到了沉重的压力，毕竟就这个阅读量，很多成年人都远远不能达到，更何况是一个5岁的孩子呢？

我曾见过她的儿子几次，是个非常文静内向的孩子，不像其他这个年纪的小男孩一样调皮捣蛋。那孩子很聪明，唐诗三百首张嘴就来，许多名人名言更是如数家珍。但他却似乎并不擅长与人交流对话，而且似乎也没有自己明显的阅读偏好。对他来说，阅读就像是一项每天都必须完成的任务，他能够很轻松地把妈妈要求背诵的内容记下来，但却完全没有去探寻文字背后意义的兴趣。

对于这位妈妈的教育方式我并不敢苟同。在我看来，读书对低年龄段的孩子来说，最大的作用应该是帮助他们更好地发展语言能力和思维能力，如果一味追求数量，那么读书无论对孩子还是家长来说，都会逐渐成为一种负担，孩子也很难再从中感受到乐趣。

那么，我们应该如何引导孩子去阅读，才能更好地达成这个效果呢？

就我的经验来说，我通常都是让女儿自己去选择感兴趣的书籍来阅读的。从女儿年纪还比较小，还不怎么认字的时候，我就会带她去书店，让她自己选择感兴趣的绘本。那时候我的想法其实很简单，我希望女儿能爱上阅读，并从中得到快乐，所以我给了她极大的自主权，让她可以在各类图书中寻找能够为自己带来乐趣的书籍。

任何习惯都是可以培养的，阅读也是如此。作为父母，我们也应该培养良好的阅读习惯，来给孩子做好榜样。更重要的是，拥有这个共同的"兴趣"，对父母与孩子之间的互动交流是有积极作用的。

05/ 掌握幽默的语言，一语胜千言

就像喜剧片永远比其他类型片受欢迎一样，在人际交往中，幽默也永远比其他特质更容易获得人们的好感。如果孩子能够掌握幽默的语言，那么在语言表达中，必然可以做到一语胜千言，轻松收获良好的人际关系。

更重要的是，具备幽默感的人，往往更擅长应对生活和学习中的压力，能够更好地调节自己的情绪，哪怕遭遇困难与挫折，也能在苦中"作乐"，以积极向上的乐观心态去面对人生中的一切风雨。换言之，幽默感能让孩子变得更坚强，在未来活得更好，同时也能给周围的人带去喜悦与希望。

那么，幽默感是可以培养的吗？

我们知道，幽默感是情商的一个重要组成部分。通常来说，人们的幽默感，三分天注定，七分靠培养。所以，这个问题的答案是肯定的，父母完全可以通过培养，让孩子掌握幽默的语言表达能力，从而得到更多人的喜欢，收获良好的人际关系。

那么，具体应该怎么做呢？

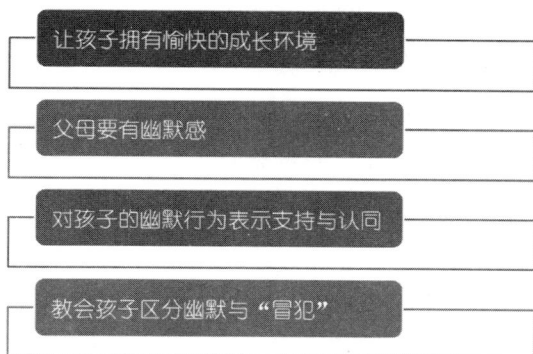

让孩子拥有愉快的成长环境

父母要有幽默感

对孩子的幽默行为表示支持与认同

教会孩子区分幽默与"冒犯"

图4-2 如何培养孩子的幽默感

第一，让孩子拥有愉快的成长环境。

孩子幼时的成长环境对他们未来性格的形成有着非常巨大的影响。据研究，在3岁以前能够得到父母疼爱与关怀的孩子，比那些缺少父母陪伴的孩子，要更容易展现出幽默感。所以，要让孩子将来成为一个幽默的人，父母应该给予他更多的爱与关怀，让他能够在愉快的环境中成长，这对孩子幽默性格的塑造是非常重要的。

第二，父母要有幽默感。

孩子在成长的过程中，会不自觉地去模仿父母。所以，通常来说，如果父母中有一方脾气比较急躁，那么孩子的性格也可能会比较急躁；而如果父母性格都比较严肃，那么通常孩子就很难成为活泼的人。

因此，如果想要培养孩子的幽默感，那么父母首先就得成为榜样，带头幽默起来。这并不是说父母要去改变自己的性格迎合孩子，其实，幽默感与人的性格是没有必然联系的，活泼外向的人未必就一定是幽默的，沉默寡言的人也未必就与幽默无缘。

而且，有一些父母之所以在孩子面前表现得严肃刻板，并非是因为他们不具备幽默感，而是因为总想着要在孩子面前端起父母的"威严"。其实，这是根本没有必要的事情，对于孩子来说，能与他们共同欢笑，能和他们产生同理心的家长，要比那些"高高在上"的家长们可爱多了。

第三，对孩子的幽默行为表示支持与认同。

在孩子的成长中，父母所展现出来的态度，对他们的性格形成至关重要。当父母对孩子的某些行为表示支持时，孩子会认为，这种行为是正确的，甚至可能是优秀的表现，从而将其保留下来；而如果父母对孩子的某些行为表现出反感，那么孩子则会认为，这种行为是错误的，不值得提倡的，从而将其"删去"。这就是为什么人们常说，每一个"熊孩子"的背后，都站立着一个"熊家长"。

所以，如果父母想要让孩子拥有幽默感，那么在他们说出幽默的言语，或做出幽默的行为时，父母就应该表示支持与认同，鼓励他们继续保留这种幽默感。即使他们所展现出的幽默比较幼稚，父母也绝不能表现出丝毫的不屑，而是应该对孩子进行引导和鼓励，帮助他们更好地培养幽默感。

第四，教会孩子区分幽默与"冒犯"。

真正的幽默应该是高雅的、充满智慧的，让所有人都能为之一笑。而那些喜欢拿别人的缺陷来开玩笑，还自以为"幽默"的人，只会远比那些不懂幽默的人更可恶。

作为父母，我们应当教会孩子区分幽默与"冒犯"，当发现孩子以错误的方式来表达幽默时，一定要及时制止，并让孩子明白，自己究竟错在哪里，别让不合时宜的玩笑和不恰当的冒犯毁掉孩子将来的好人缘。

第五章
孩子话锋对着你，
刀口却朝向自己

　　语言是一把双刃剑，既能在沟通当中促进感情，也能在正常当中破坏感情。人的一生中，争吵最多的不是陌生人，不是自己的敌人，往往是自己最亲密的人。我们的孩子毫无疑问是我们最亲密的人，作为涉世未深，思想还不成熟的孩子，他们知道争吵意味着什么吗？而作为家长的你，又是如何看待与孩子的争吵呢？

语言背后的秘密

孩子与你的对峙，其实是求救信号

或许是受传统文化中"孝道"的影响，很多"中国式"父母在和孩子相处的时候，都有那么一些"霸权"，认为孩子就应该听自己的话，无条件服从自己的安排。我就曾经听过一个母亲在和孩子争吵的时候，理直气壮地说了一句："我是你妈，你就该听我的！我是长辈，哪怕我错了，你也不该忤逆我！"

这是一种非常可怕的观念，孩子本就是一个独立的个体，他们会拥有自己的想法、自己的意见、自己的情绪，即便作为父母，也没有权利要求他们必须事事顺从，成为被操纵的"傀儡"。

记得曾经看到过一则新闻：一个15岁的女孩，因为母亲"逼迫"她起床，一怒之下就从楼上跳了下去。

很多人在看到这则新闻的时候，都觉得非常不可思议，女孩的母亲只是希望她保持良好的作息习惯，不要睡懒觉而已，为什么女孩会用这样激烈的方式来"反抗"呢？当然，如果仅仅只看这个独立事件，那么女孩的反应确实让人无法理解。可生活是一个长久持续的过程，谁又能知道在这一事件之前，女孩又经历了些什么，承受着怎样的压力呢？

就像很多父母会抱怨，觉得孩子变得无理取闹，不体谅父母的付出和辛劳。最让他们无法理解的是，为什么明明是为了孩子好而做出的事情，却永远无法得到孩子的谅解；明明是孩子先做错了事，为什么就不能好好反省，接受父母的批评。

就如女孩跳楼的事件一样，独立去看待父母们抱怨的这些事，确实难免会觉得孩子太过于骄纵和无理取闹。但父母们又可曾反省过，孩子究竟是为什么、在什么时候，变成了这样浑身是刺的模样？

要知道，孩子并不是与生俱来就会和父母作对的，也不是从一出生开始就已经和父母形成了对峙关系。相反，从婴儿时期成长到幼年时期，再到进入少年、青年时期，父母都是孩子最亲密的伙伴，最坚实的靠山。

对孩子来说，父母是亲人、是榜样、是伙伴、是憧憬、是偶像……那么，究竟是什么时候，父母渐渐在孩子心中变换了形象和身份，成为孩子生活中的"大反派"了呢？

当孩子将话锋刺向父母的时候，他们同样也在为此而痛苦。很多时候，孩子与父母的对峙，其实只是一个求救信号罢了。他们看似在为一件微不足道的小事无理取闹，但实际上这不过是他们宣泄情绪，引起父母注意的一种方式。

01/ 发脾气的小孩到底在"说"什么

孩子乖巧的时候就如同小天使一般，让人恨不得把全世界最好的一切都捧到他们面前。但孩子要是闹起脾气，那可是比恶魔还可怕，尤其是1岁到3岁半这个时期，正是孩子最闹腾，也最没有"偶像包袱"的时期，一旦什么事情不顺心，哪怕在公共场合也随时可能撒泼打滚、哭闹不休，让父母尴尬不已。

其实，很多孩子坏脾气的养成，父母是要负很大责任的，因为他们身上的坏脾气很可能就是从父母身上"继承"来的。一方面，遗传因素对孩子坏脾气的形成有一定影响，如果父母双方有一方脾气比较急躁，那么孩子也很可能会遗传到这一特性；另一方面，孩子是会下意识模仿父母的行为的，所以，如果父母双方有一方性格比较急躁，那么孩子也会不自觉地进行学习和模仿。

我们知道，在孩子还不会说话之前，因为无法和父母沟通，所以当他们感觉渴了、饿了、尿了或者有其他需求的时候，就只能通过哭闹的方式来表达，引起父母的注意，寻求父母的帮助。

随着年龄的增长和语言表达能力的增强，孩子逐渐能够用语言来表达自己的需求，但即便如此，他们也不可能立刻就摆脱从前的"习惯"。更重要的是，如果没有父母的引导，本来自制力就不强的孩子，就更难控制自己的情绪了。换言之，很多时候，孩子"无理取闹"、撒泼打滚的时候，其实只是在向父母表达自己的情绪和需求。

有一次，我和女儿在家看电视的时候，女儿说想吃之前我们一起在家烘焙的饼干。我把饼干盒子找出来后才发现，盒子里的饼干只剩下最后一块了。可能是因为放置了一段时间，饼干变得特别脆，我刚伸手过去拿起来，饼干就碎成了两块。

原本这也不是什么大不了的事情，即使碎成了两块，饼干也还是一样能吃。但女儿却不干了，突然就闹起脾气来，一下把沙发上的靠垫丢到地上，还一边哭一边控诉我："爸爸讨厌，把我的饼干弄坏了，你赔我！你赔我！"

那时候我其实是有些生气的，觉得女儿在无理取闹，但很快我就按捺住了自己的情绪，试着冷静地去体会女儿的感受，了解女儿究竟在想什么，为什么会突然这个样子。这时我突然想到，女儿平时吃东西就有一个习惯，总喜欢把最"完美"的留到最后再慢慢品尝。当时我们烘焙完小饼干之后，女儿也是挑挑拣拣了许多，把她觉得烤得最好、形状最漂亮的小饼干都收到了盒子的最里头。

我突然意识到，对我来说，或许只是一块饼干碎了，但对女儿来说，坏掉的却不仅仅只是饼干，还是她小心呵护、充满期待的"完美"。

很多时候，我们与孩子之间确实是存在"隔阂"的，如果我们不能打破这种"隔阂"，去理解孩子，读懂他们发脾气背后的"话语"，只一味责怪他们无理取闹，对他们进行批评训斥，那么我们就永远无法真正走进孩子的内心，帮助他们学会自我调节和控制情绪。

那么，在面对孩子"无理取闹"地乱发脾气时，父母究竟应该怎么做，才能读懂孩子到底在"说"什么呢？

图5-1 如何听懂孩子的"真心话"

第一，不要轻易下结论。

不管孩子因为多"小"的事情发脾气，父母都不要轻易下结论。很多时候，你以为无关紧要的事情，对于孩子来说，可能犹如天崩地裂一般难以接受。即使不能完全理解孩子的感受，父母至少要保持理解，先把事情的前因后果弄清楚。

第二，安抚孩子的情绪。

科学研究表明，当人情绪波动比较强烈的时候，大脑是很难对外界刺激做出反应的。所以，在孩子发脾气的时候，不要急着去训斥他或给他讲道理，而是应该先将孩子的情绪安抚下来，然后再说其他事情。

第三，询问孩子的想法。

孩子冷静下来之后，父母就可以开始询问他们真实的想法了。需要注意的是，在这个时候，无论父母觉得孩子的想法有多么不可理喻或不切实际，也不要急着去否定和教训他们，否则很容易刺激到孩子刚刚平复下来的情绪。

第四，支持孩子合理的诉求与需求。

了解孩子的真实想法之后，对于孩子合理的诉求与需求，父母应当表示支持，并让孩子明白，他们其实可以通过正常的交流方式来获得父母的支持，并不需要通过发脾气这种激烈的方式来引起父母注意。

02/ 孩子总喜欢"唱反调"，
问题可能出在这

孩子为什么总是喜欢和父母"唱反调"？似乎不管你说的是不是有道理，不管你的初衷是不是在表达关心，他们都不领情。你越是叫他往东，他就偏要往西；你想和他们好好沟通，他们却满嘴"不要不要"；而你越是紧逼，他们就越是挣扎。最终的结果只有一个，那就是彼此之间的嫌隙越来越深。可问题究竟出在哪里了呢？这是很多父母都曾困惑不已的问题。

美国著名的发展心理学家爱利克·埃里克森认为，孩子在大约2岁半的时候，会进入儿童秩序感敏感期，在这个阶段，孩子的大脑正快速发育，而他们的想法也会变得越来越丰富繁多。在这个时期，孩子们开始萌生出想要独立的欲望，渴望摆脱父母的"桎梏"，所以在这个阶段，孩子会特别喜欢和父母"唱反调"，在他们的潜意识里，这是一种实现独立的方法。

除此之外，有的孩子在感觉到父母对自己的忽视之后，同样也会采取故意和父母"唱反调"的方式来吸引父母的关注。对于这样的孩子来说，他们所坚持的事情是对是错根本不重要，重要的是和父母"唱反调"的行为是否能够让父母将注意力转回到他们身上。也就是说，如果是出于这类缘由而故意和父母"唱反调"，那么说明根源的问题是，孩子"缺爱"了。

有一些父母比较强势，当他们发现孩子总和自己"唱反调"时，往往不会去考虑孩子行为背后的含义，而是直接采取"强权镇压"的方式，迫使孩子屈服在"家长"的权威之下。但很显然，这样的方法并不能真正解决孩子的问题，只会激化彼此之间的矛盾，让孩子内心更加痛苦和抗拒。

我的一个朋友就是个非常强势的人，喜欢把一切事情都掌控在自己手里。她有一个5岁的儿子，是个聪明活泼的小家伙。朋友对儿子要求一贯很严格，甚至还制定了一本厚厚的家规，详细规定了哪些事情不能做，哪些任务必须完成。

起初，朋友的儿子还算乖巧，但自从开始上学前班之后，朋友的儿子就开始和朋友"唱反调"了。虽然每次的结果，都是小家伙哭得稀里哗啦地屈服在朋友的淫威之下，但下一次，还是会坚持不懈地继续"反抗"。

后来有一次，备受"压迫"的小家伙和朋友大吵一架之后，居然还闹了一通离家出走。那一次的事情把朋友吓到了，也是因为那一次的事情，朋友才终于开始反省自己。

作为父母，不论孩子是出于什么原因和我们"唱反调"，我们最担心的其实都是孩子会不会为了和我们"唱反调"而故意做出错误的事情。那么，我们应该如何做，才能解决孩子喜欢"唱反调"的问题，消除他们对父母所产生的"敌对情绪"呢？

第一，与孩子交谈时，尽量避免用"不要""不准"之类的词。

"不要做……""不准做……"这大概是孩子最不愿意在父母口中听到的话了。人都有逆反心理，更何况是处于儿童秩序感敏感期的孩子呢！听到这样的字眼，只会越发激起孩子的逆反心理，让他们更不愿意听从父母的意见。

第二，尊重孩子，做事之前先取得孩子的同意。

有一些父母性子比较急，每次让孩子去做事情的时候，如果没有得到及时的反馈，就会使用强硬的手段，"强迫"孩子行动起来。比如叫孩子吃饭的时候，孩子因为在玩电脑而没有及时回应，父母就会直接强硬地把网线或电源插头拔掉。而这样做的最终结果，往往就是一场大争吵的开始。

第三，退一步，让孩子有选择的空间。

在孩子"唱反调"的时候，父母越是用强硬的手段"镇压"，就越是容易引起孩子的反弹。"逆反心理"其实就像弹簧一样，你对它施加的压力越大，它就反弹得越厉害。相反，如果你能够主动退一步，给它留一些空间，那么在没有施加压力的情况下，"弹簧"自然也不会反弹。

所以，在孩子"唱反调"的时候，我们不妨退一步，给孩子一些缓冲的空间。比如孩子晚上不肯睡觉，我们就可以让他自己选择，是"听一个故事"之后就睡，还是"听两首歌"再睡。比起父母强硬的要求，这样有选择空间的方式显然会更容易被孩子接受。

03/ 嘴巴越倔的孩子，往往越需要爱

在这个世界上，绝大多数的父母都是深深爱着自己的孩子的，无论他们是严厉的，还是宽和的，他们对孩子的爱都一样真挚而深沉。即便孩子做错了事，父母嘴上说着狠话，心里却依然有着千丝万缕的不舍，只要孩子肯说几句好话，乖乖认个错，父母总是会一次又一次地选择原谅。

可偏偏有的孩子嘴巴却倔得狠，哪怕明明是自己犯了错，也不肯好好说句软话，甚至反而还变本加厉，将言语的刀锋往父母心口上扎。而且通常来说，嘴巴倔的孩子，一般

父母双方中，至少有一方往往也都是同样"嘴硬"的成年人，这样一来，争吵也就成了家常便饭，父母子女之间的关系也会在一次次的摩擦与争执中变得如履薄冰。

其实，孩子嘴巴倔，和父母是有很大关系的。要知道，孩子并不是一出生就会开口说话的，更不是天生就会和父母嘴巴倔的，不管是他们和父母说话的方式还是态度，都是在后天一点一点形成的。而在这个过程中，对孩子影响最大的人，就是父母。所以说，孩子嘴巴倔的毛病，父母是脱不了干系的。

我的一个亲戚是名外科医生，工作非常忙碌，加班加点是常事，就连休假的时候，也常常因为医院人手不够而被叫回去加班。他的妻子则是名律师，时间比他要自由一些，但只要一工作起来，也常常都是白天黑夜连轴转的。

这对忙碌的夫妻有个儿子，因为夫妻俩都没时间，所以儿子大部分时间都是由爷爷奶奶和外公外婆轮流照顾的。

以前儿子还小的时候，经常会因为父母要出门上班而哭闹，对此，他们都觉得心中非常愧疚，但因为各自工作的需要，很多时候也只能狠心丢下儿子，先去忙自己的事。后来，儿子渐渐长大，也就不再会因为这个事情哭闹了，但让他们感到有些难过的是，儿子和他们的关系却变得越来越冷淡。

尤其是在上小学之后，儿子的性子变得越来越别扭，和父母也几乎没有什么交流。在发现这个问题之后，夫妻俩反省了自己对家庭和孩子的忽略，并试图修复与儿子的关系。但他们发现，儿子根本就不愿意和他们交流，尤其是在儿子犯了错误，而他们试图管教儿子的时候，儿子的态度更是让人生气。

面对态度这样尖锐的儿子，他们都感到有些束手无策。好好跟他说话吧，他不愿意好好听；想管教他吧，他一句"平时也不见你们理会我"就给堵了回来。

其实，不少父母都遇到过这样的状况，因为事业的忙碌而忽略家庭、忽略孩子，等回过头想要弥补的时候，却发现自己已经被孩子"驱逐"了。于是，很多父母都陷入了一个痛苦又无奈的境地，一方面对孩子的别扭倔强和坏脾气恼恨不已，一方面又为自己曾经对孩子的忽略而充满内疚。

有时候，孩子其实就像刺猬一样，有着柔软的肚皮，却披着尖利的铠甲。在信任的人面前，他们就像柔软的天使一样，袒露着最柔软的肚皮；但只要一感觉到危险，便会立刻竖起尖刺，把自己牢牢护住。

对孩子来说，父母本应是他们最亲密也最信任的人，可有一天，他们在面对父母的时候，却藏起柔软的肚皮，竖起尖锐的刺，可想而知，他们究竟遭遇了多少次的失望，受到了多少的伤害，才会成为这样倔强又尖锐的样子。

嘴巴越倔的孩子，内心其实越缺爱。他们嘴上的种种不服输，其实每一句都是在控诉父母曾经对他们的冷漠与忽略。就像亲戚家的儿子，他的尖锐和倔强，终究也只是为了控诉一句"平时也不见你们理会我"。

每个孩子对父母都是有所期待的，对孩子来说，父母是他们出生在这个世界上之后最深的牵绊、最重要的依靠。当这种期待在越来越少的陪伴中逐渐磨灭之后，孩子对父母也不免会产生怨怼的情绪。尤其是父母打着"教育"的旗号批评指责他们的时候，孩子心中必然有诸多的不服气，哪怕深知自己确实犯了错，也是不肯向父母低头的。

孩子用"话锋"指向父母，可"刀口"却朝向自己。每一句让父母感到扎心的话，同样也让孩子伤痕累累。所以，在面对嘴倔的孩子时，请试着给他们一个拥抱，告诉他们你深深地爱着他们吧！针锋相对永远无法真正把事情解决，只会让彼此都没有台阶下，最终在争吵中彼此伤害。

04/ 为什么孩子有时会心口不一

对于成年人来说，心口不一几乎已经成了一种本能。成年人总是会在能为自己带来好处的时候说谎，一个成年人，几乎每天都会说心口不一的话。那么，在成年人心中，心地纯洁、善良的孩子，会不会撒谎呢？当然会，据研究表明，年龄越大的孩子就越是会说谎。4岁孩子中说谎的比例可以高达90%，而到了12岁，几乎每个孩子都会说谎。

孩子为什么会说谎？为什么会心口不一？其实根本问题不在孩子身上，孩子的第一个谎言往往是因父母而起，而孩子说谎的时候面向最多的对象也是父母。一个孩子，如果开始说谎，往往有以下几个原因。

撒谎可以让孩子逃脱责罚。没有人喜欢被责罚，但不管是在家庭当中还是在学校里，甚至是走上社会，人都不可能逃脱在大环境中的奖惩制度。孩子不喜欢被责罚，因此在做错事情，面对即将到来的责罚时，会选择说谎。只要谎言能够奏效，就能逃过一劫，就能避免责罚带来的痛苦。

孩子不喜欢被责罚，但家长面对做错事情的孩子却不能不罚。不过，当孩子开始因为避免受罚而撒谎的时候，家长就要注意了。面对孩子为了逃避惩罚而撒谎，有几个点是一定要做到的。

首先，要让孩子明白，说谎是没有用的。世界上没有完美的谎言，只要是谎言，就总有被戳穿的一天。想要通过说谎逃脱责罚，这条路行不通。

其次，人要为自己的行为负责，不敢承担责任的人，难成大器。在这个世界上，每个人都有自己的身份。家庭身份，社会身份，这些身份都要承担一定的责任。一个不敢承担责任的孩子，自然也不会得到机会，是很难扮演好自己将来的角色的。

最后，家长应该反思，自己过去对孩子的惩罚是否过重，是否只有惩罚，而没有惩罚之后的安慰。孩子说谎最大的原因之一就是恐惧，而这种恐惧大多来自家长的惩罚。如果孩子因为担心遭受严厉的惩罚而说谎，说明家长对孩子的惩罚力度可能超过了孩子的承受力。

为了吸引家长的注意，赢得家长的赞赏，孩子也会选择撒谎。有人的地方就有竞争，孩子之间也不例外。成年人在面对出类拔萃的孩子的时候，是很少会吝惜自己的溢美之词的。当孩子听到自己的父母在称赞其他的孩子时，就会产生嫉妒心理，想要取得与被称赞者同样的成绩，得到自家父母的夸赞。

在女儿上幼儿园的时候，就曾因为嫉妒邻居家的孩子说过谎。那天下午，我去幼儿园接女儿，刚好碰见邻居也在接自己的儿子。既然同路，就一起回了小区。到了小区门前，我跟邻居客套了一下，说我今晚包饺子，邀请她一起来吃。邻居客气地说，今天她的儿子在幼儿园得了三朵小红花，她答应了儿子要去吃肯德基，我听了以后就夸赞了邻居家的儿子几句。

女儿在旁边听到我夸赞邻居家的儿子，马上就不开心了。她噘着嘴，大声地告诉我，她今天也得到了三朵小红花。话音刚落，就被邻居的儿子拆穿，说女儿就只得到了两朵小红花，并没有三朵。

气氛顿时尴尬了起来，邻居赶紧说了两句不疼不痒的话，匆匆带着儿子离开了，而我则满脸寒霜地带着女儿回到了家。女儿也意识到自己撒谎是不对的，跟我道了歉，我也跟女儿强调，不管因为什么，也不该跟自己的家长撒谎。

效仿父母的行为，也是不少孩子说谎的原因。父母是孩子的启蒙老师，在模仿能力极强的孩童时期，父母就是最好的模仿对象。如果父母答应过孩子什么事情而不兑现，那在孩子的心中就会认为撒谎是一件可以做的事情。曾子杀猪的故事相信人人都知道，曾子之所以杀掉家里的猪，就是为了能兑现对孩子的承诺，避免孩子养成说谎的习惯。

千万不要轻易对孩子许诺，不管多么虚无缥缈的诺言，孩子都会当真。如果诺言不能兑现，那么父母就会失去孩子的信任。特别是诱哄时候的承诺，更是直接促成孩子撒谎的重要原因。

经常有父母为了知道孩子究竟做了什么，会和颜悦色地对孩子说："你干了什么我都不会生气的，不怪你。"等到孩子将事情和盘托出以后，就会遭到疾风骤雨般的语言暴力，甚至还有体罚。面对这样的家长，孩子怎么能不说谎呢?

05/ 叛逆不等于变坏，
只证明他"长大"了

叛逆期，是孩子最让家长头疼的阶段。虽然孩子在7、8岁的时候，也会有一段时间是非常调皮捣蛋的，但也不会事事都要与家长对抗，也不会只要家长认可的就都要摒弃。有不少家长都有一种感觉，那就是自家乖巧可爱的孩子，在一夜之间就变成了另外一个人，变成了一个坏孩子。那么，叛逆真的就等于变坏了吗?

叛逆当然不等于孩子变坏了，叛逆期可以说是每个人都要经历的一个阶段。在这个阶段中，随着身体的飞速发育，心理上也开始发生变化。过去孩子可以对大人言听计从，但当孩子的身体逐渐长大，日常生活中的一些事情也可以自主处理以后，也就开始不由自主地向家长索要其他方面的权力了。

面对开始挑战家长权威的孩子，许多家长是束手无策的。其实，我们只要弄懂了孩子想要什么，就能够与孩子达成共识，解决孩子叛逆期的种种问题。

自主权是家长与孩子发生冲突的根本原因，到了叛逆期，孩子开始有自己的想法，对如何去做事情，如何去做选择，和什么人交朋友，都会开始做出属于自己的决定。但是，在家长眼中孩子还不成熟，很多决定并不理智，甚至仍然幼稚，所以会按照以往的做法，给出自己的选择。

面对想要自主权的孩子，横加干涉孩子的决定绝对不是聪明的办法。家长越是阻拦孩子的决定，孩子就越是会坚持自己的想法。想要改变孩子的选择，那就必须要从理智层面来思考，与孩子沟通，求同存异。反驳孩子的决定之前，一定要先说为什么，然后再说"不能"或者"不要"。如果只是单纯的表示不行，只能激起孩子的反感。

孩子对自己的事情想要自主权，对于家里的事情也会想要一定的决定权。毋庸置疑，孩子是家庭的一分子。我们与孩子生活在同一个空间里，那么家中大小事也应该让孩子参与进来。很多家长眼见孩子长大了，认为孩子应该承担一些家庭义务，例如做家务活之类的。但是，却忽视了孩子应有的权利。家里要做什么改变，要购买什么东西，完全不考虑孩子的意见，自顾自地就做了决定。

权利与义务永远是相伴的，觉得孩子到了承担义务的时候，却不想要给孩子权利，这显然是错误的。没有权利的义务，只会让孩子觉得自己受到了压迫，还不是自己长大了。只有让孩子真正参与到家庭的决定中来，让孩子觉得自己享受到了权利，那么孩子才会真的觉得父母已经将自己当大人看了。这个时候，孩子就不会为叛逆而叛逆，不会可以与家长唱反调了。

孩子最想要拥有的权力当中，肯定有发言权。在叛逆期的孩子，有着极强的表现欲。他们认为自己长大了，并且迫不及待地想要将自己成熟的一面展现给父母看。而发言，是最简单、最高效也最朴实的方式。

发言权并不是说话的权力，而是与父母商议事情的权力。这种权力体现在各个方面，包括自己的事情、家庭的事情以及家庭外的其他事情。孩子想要表达自己的想法，未必是要真正插手这些事情，家长应该鼓励孩子表达自己的意见，了解孩子对其他事情的看法。特别是那些与家庭、与孩子本身无关的事情，更是能够给孩子一个展现自己的空间。

家长应该给孩子发言权，而不是在有了什么事情，孩子想要发表意见的时候，用一句"小孩子懂什么"就把孩子打发了。对于一个觉得自己已经长大了的孩子来说，这种行为无疑是一种侮辱，是不信任的表现，难以让叛逆期的孩子与家长重新建立信任关系。

隐私权，也是孩子最看重的一种权力。在孩子还小的时候，要依赖父母帮自己做决定，事无巨细都会让父母知道。而随着年龄越来越大，特别是青春期开始，有很多心理上的活动已经不适合让父母知道了。

每个人都有隐私权，这是身为人的一种最基本的权力。很多孩子并没有那么多的秘密，但却还是不愿意将事情都告诉父母。孩子追求隐私权的背后是孩子需要尊重，当孩子的隐私权得到满足的时候，就会觉得自己更像一个大人，能承担更多的事情。而如果隐私权被侵犯了，就会让孩子觉得自己没有被尊重，在父母眼里也不是一个独立的人，而是父母的附属品。

叛逆期的孩子并不是变坏了，与其说他们长大了，不如说他们正在试着长大。如果父母一味地压制，只能让孩子永远都长不大。如果放任自流，那么孩子就会觉得自己已经长大了，然后用不成熟的思想去处理事情，将许多事情弄得越来越糟。叛逆期是家长最需要注意的时期，是孩子最需要引导的时期。希望家长能够把握好尺度，不能收得太紧，也不能放得太松。

06/ 好好沟通是消除"代沟"的法宝

　　亲子沟通最大的沟壑就是代沟，不管在什么问题上有矛盾，不管矛盾到什么程度，都在可以沟通的程度上。一旦代沟两个字出现，那就意味着沟通即将终止。代沟在孩子的眼中，就如同一堵不可跨越的墙壁，孩子认为在某个问题上与父母有了代沟，就会主动终止沟通，不再寻求其他的解决方案，求同存异也就成了不可能的事情。其实，消除代沟并不困难，最重要的就是沟通时候的态度。

　　代沟是什么呢？代沟就是两代人对于同一件事物不同的看法，这种看法的确是带有时代性的。每个人都觉得在自己儿时出现的东西是老旧过时的，而在自己人生的黄金时期所出现的东西是经典的、无法超越的，自己老的时候出现的东西则是离经叛道的。这种认知体现在了绝大多数人身上，老一辈人将邓丽君的歌曲称为靡靡之音，而听着邓丽君歌曲长大的一代人又觉得周杰伦咬字不清的演唱方式难以接受，相信听着周杰伦歌曲长大的一代人，也不会顺利的接纳新一代人喜欢的音乐作品。

　　代沟的形成在某种意义上来说是不可避免的，但是父母很少会真的与孩子一起讨论喜欢什么样的音乐、书籍、影视作品，即便是在这些方面有不同的意见，往往也形不成难以调和的冲突。真正的问题是，当孩子逐渐长大，对事情有了自己的看法以后，与父母的冲突。

每一代人对事情的看法都有不同的地方，这不是因为人不一样了，而是因为社会发展不一样了，大环境不一样了，新生事物不一样了。这些问题就是父母与孩子对于一件事情给出不同答案的根本原因。那么，谁是对的，谁是错的呢？很多问题真的有对错吗？

事物都是有两面性的，特别是对一件事情的看法，从不同的角度看就有不同的道理，而不是像数学题一样，往往只有一个正确答案。既然双方都没有对错，那么具体的情况就应该双方坐下来，好好地商量。当双方能在温和的态度下，抱着求同存异的想法进行交流时，会发现代沟的出现只有几个原因。

知识面的不对称往往是代沟出现的主要原因，这与学历无关，与从事的工作无关，只与接受新知识的能力和渠道相关。知识也是在不断发展的，特别是在科学技术越来越先进的今天。许多过去人们认为是金科玉律的东西，许多已经被推翻了。人接收新知识的渠道不同，对于新知识的渴求程度也不一样，这就导致了孩子比父母有更多的渠道接收全新的知识，比父母更渴求获得全新的知识。

孩子获得了全新的知识，在做事情的时候自然就有全新的做法。而身为父母，某件事情使用某种方法已经几十年了。看见孩子与自己完全不同的做法，自然是要教孩子怎样做才是正确的。这个时候，就会出现冲突。双方的知识来自不同的时间段，如果父母不更新自己的知识的话，自然就会觉得自己是对的。那么，与孩子发生冲突在所难免，代沟也就自然而然地出现了。

如果父母能及时更新自己的知识，或者看到孩子做某件事情的方法与自己截然不同时，去询问孩子为什么要这样做，就能够避免代沟的产生。

孩子看问题的片面性同样是代沟形成的根本原因之一，在每个时代，每个国家，年轻人都是最有热血的一群人。他们更喜欢用极端的方式去解决问题，更相信自己的力量，更有激情。但是，他们看问题的角度是非常片面的。甚至可以说，一个拥有六个面的正方形，他们往往只能看到其中的一个。

片面地看问题，靠着满腔热情去做事，自然会漏洞百出。父母不会忍心看着孩子碰得头破血流，指点一下也是在所难免的。但是，在孩子极端的想法之下，任何不直接的、迂回的、婉转的行事方式，都是妥协的、苟且的、没骨气的，这个时候代沟就出现了。

图5-2 好好沟通才能消除"代沟"

好好沟通，让孩子知道问题的其他面是什么样的，再让孩子做选择，就能避免代沟的出现。冲动并不等同于愚蠢，孩子做出的决定，自然是他认为的最好的决定。但是，孩子看到问题的全貌时，原本最好的决定可能就不那么好了。再加上与父母良好的沟通，以及得到父母给予的选择权，自然会冷静地做出最有利的选择，代沟也就烟消云散了。

父母做出决定的本意是为了孩子好，如果因为态度问题，不能好好沟通，最终出现难以跨越的代沟，那就难以达成为孩子好这个原本设定的目标。所以，好好沟通才是保证亲子关系能始终顺畅的关键。

第六章
高语境能成就孩子，
低语境则毁掉孩子

　　父母是孩子最亲密的人，也是在孩子成长过程中，陪伴孩子时间最长的人。所以，在孩子学习语言的过程中，父母的影响是至关重要的。父母的语言习惯，往往就是孩子的语言习惯；父母的常用词汇，往往就是孩子的惯用词汇。作为父母，应该为孩子创造一个高语境，避免孩子在模仿父母的过程中，对语言的认知偏向糟糕的方向。

语言背后的
秘密

父母的语言是孩子最大的资源

孩子学会的第一句话源自父母，在孩子逐渐形成属于自己的语言特点时，受到的影响也主要来源于家庭。因此，我们不妨认为，父母的语言就是孩子最大的资源库。孩子在离开家庭，进入学校之前，所学会的语言，大部分来源于父母，小部分来源于影视作品和其他家庭成员。

既然父母是孩子最大的语言库，我们不妨认为在孩子最开始学说话的时候，就是在学父母说话。那么，父母在说什么，对孩子造成的影响是至关重要的。父母为孩子营造一个好的语言环境，也就是高语境，在高语境中成长的孩子说话的习惯就不会太糟糕。而如果父母所使用的语言不够好，为孩子创造的语境是个低语境，那么孩子所养成的语言习惯就不会太好。

　　语境习惯是会一直保持下去的，特别是孩子在认识这个世界，在成长过程中快速汲取关于这个世界的一切知识时，语境所带来的影响就会形成一种习惯，一直保持下去。

　　语境对孩子的影响是根深蒂固的，是能够影响孩子的未来的。这不仅因为孩子会学父母说话，更是因为长期处在一个语境当中，孩子的判断力会受到影响。长期处在高语境当中的孩子，自然会觉得话就应该这样说。而长期处于低语境的孩子，也会觉得那些不得当的话，不好听的话，甚至是脏话，不是不正常的。

　　处在高语境的人会觉得低语境里的语言是不正确的，那些不礼貌的、会冒犯到他人的、不好听的脏话，都是不应该使用的。而在低语境中长大的人，也会觉得那些高语境的说话不够爽快，不能很好地表达自己的情绪，甚至是装腔作势的。可见，语境对孩子的影响是多么大、多么深，让孩子在高语境中长大是多么的重要。

　　父母的语言是孩子获得语言最便利的方式，是孩子获得语言最多的地方，更是形成孩子语境的绝大多数资源。为了让孩子能在高语境中成长，让孩子养成使用文明用语、礼貌用语的习惯，谈吐之间不强求让人如沐春风，但也不能锋利如刀。请父母在与孩子交流的时候，在孩子面前与其他人交流的时候，使用正确的语言和正确的沟通方式。

01/ 语言环境缺乏造成的 "感知黑洞"

语言环境并不是一蹴而就的，孩子从牙牙学语开始，就不停在受到父母、家庭，以及周围其他东西的影响。那么，如果孩子缺少语言环境呢？就会出现感知黑洞。

感知黑洞，简而言之，就是孩子由于没有一个良好的语言环境，在感知上出现了缺失。这种情况很少出现在孩子很小的时候，但随着孩子逐渐长大，就能体现出语言环境的缺乏造成的不良影响。

那么，感知上出现黑洞的孩子有怎样的表现呢？

首先，感知上出现黑洞的孩子，词汇量远远低于同龄人的水平。词汇量是掌握语言最基础，也最基本的要求。就如同学习一门外语一样，最重要的往往不是语法，而是词汇量。当你掌握足够的词汇量以后，学习外语就会事半功倍。语言当中的语法不是有着绝对规律的，不管是英语还是日语，都有很多谚语、短语，是有着其特殊的，与常规语法不通的描述方式的。想要学会一门语言，最重要的就是积累，而积累的过程中最重要的就是词汇量。

如果孩子缺少词汇量，那么在掌握语言的时候就会出现问题，交流的时候就会经常出现障碍。一旦最基本的交流都出现了障碍，那么孩子就会讨厌说话，语言能力就会越来越差。

其次，感知黑洞不仅会出现在语言方面，一个出现了感知黑洞的孩子，在认识这个世界的时候是非常坎坷的。在孩子成长的过程中，大脑的发展速度远超人们的想象。而外界条件对孩子大脑发展速度影响最大的就是语言。

在孩子学会"甜"这个字的时候，对"甜"就能形成一个基本的概念，这个概念会在大脑中生根发芽，并且让孩子牢牢记住"甜"的味道是什么样的。当孩子学会"疼"这个字的时候，也就能牢牢记住"疼"是一种怎样的感觉，做什么事情会触发"疼"，进而避免这种情况的再次出现。

如果没有语言环境，形成了感知黑洞，那么孩子会对触觉、嗅觉、听觉、味觉上的很多概念缺少了解，也就很难记住这些概念代表了什么，是怎么发生的，自己应该去寻找什么，躲避什么。这样的孩子，需要花费更多的时间才能认识这个世界，对世界上的东西形成概念和记忆。

最后，感知上出现黑洞的孩子，更喜欢使用语言之外的行为来表达自己的意思。很多在缺少了语言环境，在感知上出现黑洞的孩子，他们并不喜欢用语言来传递自己的意思，在想要什么东西的时候，并不会说"我要"，而是会用手指向东西。在觉得饥饿的时候，也不会说饿，不会说想吃，而是表现出焦躁，或者大哭。

如果家里的孩子更喜欢用动作，而不是用语言来表达自己的意思，那就要多培养孩子用语言与家长沟通的意识。孩子指向什么，不要直接拿给孩子，而是问孩子要不要，直到孩子用语言给出回应，再拿给孩子。

那么，要如何避免孩子出现感知上的黑洞呢？最基础的一点就是给孩子营造一个语言环境，要经常对孩子说话，鼓励孩子说话，让孩子多说话。只有不断地使用语言，孩子的说话能力才能够进步。不使用语言，不管处在多好的语言环境当中，孩子的进步速度也会落在同龄人的后面。

孩子的感知能力发展速度与语言有关，孩子的语言又影响着孩子如何去感知这个世界，两者之间是相互影响的。有些孩子更喜欢用自己的亲身体验来记录这个世界是什么样的，而有些孩子则更喜欢从语言当中去认识这个世界。因此，父母在与孩子沟通的时候，不要觉得对孩子说话是一件很随便的事情，对于孩子的问题也可以利用编造的故事敷衍了事。这种做法不利于孩子正确地认识这个世界，有些时候孩子在刚刚学习语言时形成的观念要在上学以后，获得相应的知识才能扭转。

有些孩子先长嘴，有些孩子先长腿，这是每个家长都应该了解的事情。不管是先会跑，还是先会说话，都是正常的。每个孩子根据个体之间的不同，感知的发展也会有不同的侧重点。因此，家长要保证孩子的感知发展是全面的，但又不能要求每项感知能力都齐头并进。周围的环境对孩子感知的形成也有着巨大的影响，有些时候孩子某一项感知的发展比其他的逊色，是因为周围环境的问题。

孩子从学会说话，到上小学这段时间里，感知方式就已经基本成型了。千万不要觉得孩子还小，就忽略了孩子发展最快、最重要的这一阶段。即便孩子还在牙牙学语，也要将语言环境的问题重视起来，避免感知黑洞的出现。

02/ 不要学"古董语"，任何语言都是活的

人类的语言是在不断变化着的，如果我们回到古代，仅仅是语言这一项，就是我们在社会立足的巨大障碍。古代的语言与如今的语言大不相同，除了语法的不同外，新生事物

的出现和传统事物的变化都是导致语言不同的巨大原因。我们不妨想象一下，现在人们常用的词汇，在10年之前有多少是还没有出现的，新生事物又有多少是根本不见踪影的。

我们的生活在不断变化，我们的语言在不断变化，所以，我们在为孩子构筑语言环境的时候，也要注意时代的变化。很多语言对于我们来说是可以理解的，毕竟我们经历过那个年代，见过那些如今已经不常见的东西。但对于孩子来说，这些东西是没有意义的。它们很少在孩子的生活里出现，即便孩子要了解这些东西，也要借助书籍，或者去平日里不太会接触到的环境，这对孩子的成长并没有太大的意义。

一个孩子生活在充满古董语的语言环境当中，会发生什么呢？自然也会学得满口古董语。用过去的语言去跟其他人交流，这种交流自然是不流畅的，是充满障碍的，出现鸡同鸭讲的情况，也就并不奇怪了。

古董语，并不仅仅是指那些已经过时的、过气的词语，更是指使用语言的方式。很多家长在孩子刚刚学会说话以后，就教孩子背诵古诗，背诵名篇名句，用来向亲朋好友炫耀孩子的聪明。这种做法对于孩子在语言方面、智力方面的进步并没有什么好处。

语言是活的，是在不断变化的。一个词语，在某个环境之下是一种意思，到了另一个环境之下，又可能是另外一种意思。单纯地去记住每个词汇的意思而不能活用，也算是在学古董语。而古诗更是如此，很多词汇在古诗当中的含义和在日常用语中的含义是完全不同的，这不仅跨越了环境，更跨越了时代，跨越了知识范畴。且不论孩子能否懂得古诗的意思，诗人想要表达些什么，仅仅是截然不同的词汇含义，就对为孩子创造一个良好的语言环境没有帮助。

硬要让孩子去背诵那些自己不能理解的古诗，而不让孩子明白古诗当中的意思，会培养孩子不好的学习习惯。自己只要能背诵，就能让家长满意，那又何必非要将知识融会贯通呢？知识如果不能做到融会贯通，就是毫无意义的。

当然，让孩子背诵古诗也是有好处的。在学习语言的过程中，韵律感是非常重要的。一个字，一个词，一句话，该如何去发音，该如何断句，都可以在有节奏、有韵律地背诵古诗当中学到。如果需要让孩子说话更加流利，发音更加清晰标准的话，可以选择一些简单易懂的古诗，让孩子在背诵古诗的同时，知道古诗的含义。也可以选用一些儿歌、童谣，儿歌与童谣在帮助孩子提高语言技巧这方面，比古诗的效果更好。

有些家长在教孩子语言的时候，喜欢将语言掰开了、揉碎了讲，认为这样可以让孩子更快地记住家长教的内容。这种方法的确能提高孩子的学习速度，但这样学来的东西却是死的。学得再快，孩子也只记住了词汇的读法。

在学习语言的过程中，有远远比读法更加重要的东西，那就是用法。只有在不同的句子中经常使用一个词语，才能真正学会这个词汇究竟有什么含义，究竟该怎么使用。单单学习词语怎么读，是毫无意义的。即便孩子将这个词读的滚瓜烂熟，到了该使用的时候也没办法正确地去使用。

语言是活的，人也是活的。不学古董语，让孩子学到活的语言，最好的方式还是交流。只有不断跟孩子交流，让孩子知道不同的词汇在不同的环境当中有不同的用法、不同的含义，才能真正让孩子知道语言的精妙之处和其重要性。也只有活学活用，才能让孩子在学习语言的时候能够举一反三，快速找到学习的窍门。

03/ 语言暴力对孩子的伤害，不亚于交通意外

在并不遥远的过去，人们奉行"棍棒底下出孝子"的教育理念，体罚成为一种常态，成为一种教育手段。如今，许

多人已经改变了自己的教育方式和理念，认为体罚孩子是一种不文明的方法，很容易对孩子的心灵留下长久的伤害。但是，如今的人们仍没有将语言暴力这件事情注意起来，虽然没有用棍棒来伤害自己的孩子，却经常用语言来伤害孩子。

不恰当的语言同样是一种暴力，是一种即便是成年人也会受到严重伤害的暴力。成年人尚且不能幸免，更何况是孩子。一句残忍的话，可能会让孩子痛苦终生，带来的伤害甚至比遭遇一场交通事故还要严重。

图6-1 语言暴力对孩子的伤害

长期遭遇语言暴力对孩子会有怎样的影响呢？

语言暴力最大的危害就是能摧毁孩子的自信心。自信心，是一个人能否成功的重要因素。有自信心的孩子，敢于大胆尝试生活当中、学习当中遇到的问题，敢于迎难而上，解决遇到的麻烦。缺少自信心的孩子，遇到困难的第一反应是退缩，是止步不前，是等人帮忙解决问题。这样的孩子如何能够成长为一个人才呢？

家长长期使用"你怎么那么笨""看看隔壁家的谁谁谁"此类的话来对孩子施加语言暴力，孩子在成长过程中自然就觉得自己是笨的，是做不好事情的，是不如其他人的。

有些家长觉得，这样的话能激发孩子的斗志，是激将法的一种运用，这种想法是非常荒谬的。世界上的确有些人能通过压力迸发出更大的动力，但至少要等孩子已经成长成了一个有自信心的人，一个相信自己能做好事情，自己不比别人差的孩子时才有用。盲目地使用激将法，只能让孩子在成长的过程中彻底丢失掉自信心。

语言暴力会让孩子失去安全感，变成只知道听别人话的傀儡。大多数父母都是爱着自己的孩子的，努力为孩子营造一个良好的家庭环境对父母来说是最重要的事情之一。家庭是孩子的港湾，是孩子的避难所，不管孩子在外面遇到什么事情，回到家里都应该有安全的感觉。作为保护者的父母，应该是孩子最信任的人，是最能为孩子带来安全感的人。

语言暴力，会让家庭从一个安全的场所变成一个可怕的地方，会让身为保护者的父母在孩子的心中变成一个施暴者。孩子在这样的环境下生活，忧心忡忡是必然的状态。每天都会担心，自己是否会因为没有把饭吃完而惹父母生气，被赶出家门。自己是否会因为弄脏了衣服，不被父母当成自己的孩子。

这样的孩子生活在小心翼翼当中，成为父母的提线木偶。许多父母还觉得孩子这样很好，很听话、很乖巧。这简直大错特错。这样的孩子是难以自立的，即便在将来，他们进入校园以后，也会怕做不好事情而被老师责骂，被家长抛弃。走上社会以后，也会担心自己是否会因为做错一件事情而失业。他们只能在家长、老师、上司的安排下做事情，如果不是对方交代的事情，他们是绝对不会越雷池半步的。他们的创造力，早就在父母的语言暴力当中，伴随着安全感一起失去了。导致这一切的，正是从家长口中说出的"再不吃饭就把你赶出家门"，"弄脏衣服就把你送去你叔叔家，让你当你叔叔的孩子"。

语言暴力，会让孩子过早的产生功利心，甚至用付出与回报来衡量世界上的一切。父母与孩子本该是最亲密的关系，父母为孩子的付出应该源自无偿的爱，而孩子为父母着想，也不应该是有所图、有所求的。然而，这美好的亲情，温暖的亲子之爱，都会因为语言暴力而被改变。

"这点事情都做不好，生你有什么用？""我什么时候亏待你了，为什么你就是不如别人家的孩子？"这种话会让孩子认为，父母为孩子做的一切都是有代价的，都是有目的的，父母给予的东西，都是需要回报的。当亲子之爱变成有偿的，变成需要回报的，那么在孩子的眼中，就没有什么是不能用付出与回报进行衡量的了。将来，这个孩子变成一个唯利是图的人，也不是不可能。

语言是伟大的，语言可以传递爱，也可以用来输出暴力。对于还在成长，心灵比成年人更加纯洁的孩子来说，他们难以分辨父母所说的究竟是气话还是真话，是对他有要求，还是真的在侮辱他。所以，请停止对孩子使用语言暴力，语言暴力对于孩子的伤害，甚至比交通事故还要严重。

04/ 家中杜绝脏话是高语境的"标配"

我们一直在谈论高语境和低语境的问题，那么究竟什么样的语言环境叫高语境呢？这并没有一个准确的评价标准。但是，有一点是可以确定的，经常出现脏话的语言环境，绝对不是高语境。相反，脏话出现的频率越高，语言环境的等级就越低，想要为孩子创造一个优秀的语言环境，那就必须要在家中杜绝脏话。

有些父母觉得孩子还小，根本听不懂脏话，所以在家说脏话是不要紧的。这种想法就大错特错了，在家说脏话，对正在学习语言的孩子来说，造成的影响是非常巨大的。别忘了，孩子最大的语言资源库就是父母，如果父母经常在家说脏话，即便孩子还不能熟练地使用语言，但也会有样学样的开始说脏话。

语言环境等级越高

脏话出现频率越低

图6-2 杜绝脏话才能打造高语境

更别说有些家庭还认为，孩子不懂自己在说脏话，奶声奶气地说脏话不仅不讨人厌，反而还挺可爱的。就如同有些家长在饮酒的时候，喜欢用筷子给孩子点一下一样，去诱导不懂自己在说什么的孩子去说脏话。这样做只能造成一个后果，那就是孩子把说脏话变成了一种习惯，经常脱口而出。随着孩子逐渐长大，掌握的语言越来越多，使用习惯变成了语言习惯当中不可分割的一部分，这个时候再想纠正孩子说脏话的坏习惯就已经晚了。

世界上的每个人都会说脏话，其中有相当多的人，他们的脏话并不是从家庭当中学来的。有些孩子是模仿影视作品，有些孩子是通过外面的陌生人学会说脏话的，但更多人是通过低语境家庭的同龄人学会说脏话的。

学会说脏话这件事情是不可避免的，我们只能尽量为孩子创造一个高语境，让孩子在语言能力飞速提高的这一阶段不去说脏话。特别是在孩子叛逆期的时候，不少孩子将说脏话看成是成长的表现，越是有勇气说脏话，越是像大人。这种现象无法杜绝，但在低语境家庭和高语境家庭当中，孩子最后表现也会大不相同。

生活在低语境家庭的孩子，并不知道说脏话这件事情是错误的。他们真正将脏话变成自己日常用语的一部分，把自己变成了一个喜欢说脏话，不在乎说脏话的人。到最后，说脏话对他们来说就如同吃饭喝水一样平常，不让他们说脏话反而会觉得不舒服。

高语境家庭的孩子则不一样，他们将说脏话当成是一种寻求刺激的方式，是自己叛逆的标志。他们是有目的地说脏话，是会在他们认为说脏话可以展现自己的时候去说脏话。但从根本认知上来说，他们知道说脏话并不是什么好事，脏话也不是什么好东西。叛逆期总会过去的，当孩子度过了叛逆期，度过了拼命向大人证明自己的那段时期，他们自己就会改正说脏话的毛病。因为他们在高语境当中长大，说脏话不是他们的习惯，在他们的认知当中也知道说脏话是不文明的，是不好的。

想要为孩子营造一个没有脏话的高语境，有几点是必须要做到的。最重要的是不要在孩子面前说脏话，更不能看孩子小，就引诱孩子说脏话。父母是孩子最好的老师，并且是孩子最信任的人，以言传身教的方式将自己的一些习惯传授给孩子。一旦父母在孩子面前说脏话，孩子就会去学，并且还会认为，自己的父母都在说脏话，可见说脏话也不是什么大不了的事情。

孩子第一次说脏话的时候如何处理也是非常关键的。相信不少高语境家庭中的家长，第一次听到孩子说脏话时是非常震惊的，平日里自己不说脏话，而自己的宝贝孩子却突然说了一句脏话。这种时候，打骂孩子并不是正确的办法，听之任之更是不行。孩子开始说脏话，是一定要认真对待的。一定要语重心长地和孩子进行交流，让孩子知道，说脏话是一件坏事，不要说脏话，更不能用脏话来侮辱别人。

作为人生经历当中的一部分，想要让孩子彻底与脏话隔绝，一生一世都不说一句脏话，这是不可能的事情。但孩子说脏话也不能听之任之，一定要让孩子知道，说脏话是不好的，脏话是不文明的。只有为孩子树立正确的观念，才能使孩子养成不说脏话的习惯，不将说脏话当成一件平常、普通的事情。

05/ 耳语带来的神秘感令孩子着迷

孩子与孩子之间总是有着巨大的差别，每个孩子都是特别的，而成年人由于受到社会规则的影响，在某些事情上的表现就大同小异了。有些家长头疼自己的孩子喜欢大吵大嚷，而有些家长则头疼孩子不敢大声说话，偏偏喜欢趴在别人耳边耳语。喜欢大吵大嚷固然不是什么好习惯，但孩子如果沉迷于耳语，也不是什么好现象，也是需要重视的问题。

孩子喜欢耳语，主要原因是耳语带来的神秘感。儿童时期，就是一个人好奇心最强烈的时期。而秘密，则更能让孩子沉迷其中。有不少家长擅长使用耳语和秘密从孩子身上达成自己的目的，毕竟一件事情如果被当成普通的事情来告诉孩子，孩子是不会重视的。而如果当成是秘密来告诉孩子，孩子就会真正将这件事情放在心上。

不少孩子就是因为家长的原因养成了喜欢耳语的习惯，有什么不想让太多人知道的事情，就会在别人耳边，用最小的声音进行耳语。这种习惯对于语言习惯正在形成的孩子来说，并不是个好习惯。

那些喜欢耳语的孩子，会逐渐将耳语当成最主要的交流方式。想要告诉别人什么事情，就要进行耳语。即便是没有耳语的机会，也会在说话的时候将自己的声音放到最低。这显然不利于孩子语言习惯的形成，我们不是要让孩子把每句话都说得振聋发聩，但如果孩子每句话都要小心翼翼地说，那么就会影响到孩子的思维。

愿意大声说话的孩子，在态度上也会表现得更加热情、大方，更积极向上。而那些喜欢耳语的孩子，会逐渐变得不敢、不愿意大声说话，做事缺少勇气和奋发向上的精神。在这里要申明一点，这与孩子的个性内向还是外向无关，不管是内向还是外向，孩子都是好孩子。内向的性格并不是什么缺点，不能因为孩子的性格内向，就贸然认为孩子是胆怯的、是懦弱的、是缺少积极向上精神的。

如果孩子喜欢耳语不是受到家庭或者其他人的影响，那可能是孩子缺少安全感造成的。即便是成年人，每天也会有很多做不好的事情，更别说孩子了。成年人能够斟酌自己没有做好一件事情的后果，有些事情需要尽快补救，有些事情需要下次注意，还有些事情即便没做好也是无关紧要的。

但孩子不一样，家长告诉孩子的事情，老师告诉孩子的事情，在对事情缺少足够判断力的孩子面前，就如同是一道军令一样，是一定要完成的。那么，如果孩子没做好事情呢？如果孩子犯错了呢？这就会造成孩子的安全感缺失。孩子不愿意让其他人知道，就只能选择用耳语的方式来告诉别人。

一旦孩子犯下错误，或者是有做不好的事情时，会选择用声音最小、传播范围最小的耳语告诉别人时，就说明孩子陷入了缺少安全感的状态。孩子做错事情的确需要批评，需要家长告诉孩子怎样做才是对的。但过度批评，甚至上升到语言暴力的程度，那就过犹不及了。希望每个家长都能把握好尺度，特别是在孩子沉迷于耳语的时候。

对孩子耳语这种习惯影响最大的还是父母对孩子的态度，如果父母能多给孩子一些鼓励，让孩子有更多的安全感，有更多的自信心，那么孩子自然会减少耳语的使用频率。特别是鼓励孩子在交流当中努力去表达自己的观点，如果孩子能顺利表达自己的观点，不妨多给孩子一些奖励。

父母对孩子的鼓励有着惊人的力量，正是这种力量，能让孩子鼓起勇气去寻求最好的交流方式，寻求父母的认可。而如果用强硬的态度打压孩子，用锋利的语言刺伤孩子，那么孩子只会用耳语的方式来与父母交流，以避免遭受更多的伤害。

06/ 在交流过程中
重视"语境"而非"内容"

　　实战中得来的经验永远比纸上谈兵来得有用，培养孩子的语言能力也是如此。想要让孩子能顺利地渡过语言学习的难关，与孩子多交流是必不可少的环节。很多家长也会与孩子交流，但是交流的重心却放错了地方。不在意孩子说话的语境，却非常在意与孩子谈话的内容。孩子说了什么，其实并不重要，孩子是怎么说的，才是家长应该关心的事情。

　　谈话的内容固然重要，我们可以从谈话的内容当中得知孩子想要告诉我们什么，孩子对我们有什么要求，以及我们应该怎么做。但是语境要比内容更加重要，孩子在语境当中能传达的东西是更加深刻、更加本质的，是直接与孩子的思维相连接的。只有注意孩子说话的语境，才能知道孩子究竟如何看待这个世界，如何看待他人。并且，在孩子的语境当中，能更加容易摸清孩子当前处于一种怎样的情绪中。除此之外，注重与孩子交流的语境，还有着种种家长们意想不到的好处。

重视谈话语境而非内容，能更好地培养与孩子的默契关系。在我女儿还小的时候，她特别喜欢去小区附近的一个公园玩。最开始女儿让我带她去玩的时候，都会明确地告诉我，她想要去那个公园，而我则开始引导她，用其他的词汇来指代小区附近的那个公园。后来，女儿只要来找我，对我说想要去"那里"玩，我就知道她又想要去那个公园了。

久而久之，我和女儿的默契越来越深，越来越多的词汇成为我们两个之间专用的。这就好像我和她之间突然有了许多小秘密一样，让我和女儿的感情越来越深厚。

语境还能比内容更好地传递情绪，情绪是一种非常抽象的东西，即便是成年人，也很难用语言完整地将自己的情绪描述出来，更别说孩子了。和孩子交流，如果不注意语境，就如同两个人在发短信交流一样，只能得到内容，而无法得知对方在叙述这些内容时的情感。

同样的话语，在不同语境之下，所表现的意思也是不一样的。如果跟孩子交流的时候不注重语境，孩子又不能很好地表达自己的情绪，那么父母就难以领会孩子究竟想要跟家长表达什么。

我就曾因为忽视了交流当中的语境，害女儿饿了肚子。那段时间我正在忙一项工作，全身心投入到工作当中的我，忽略了照顾女儿。一天晚上，我正沉浸在工作当中，感觉女儿来到了我的身边。我随口问她："你饿不饿啊？要是饿了，我就给你做饭。要是不饿，就再等一会。我现在工作忙，你去旁边自己玩。"我头也不抬地工作着，就听见女儿回答我说："现在还不饿……"听见女儿说不饿，我就又投入到工作当中去了。

不知不觉，手头的工作告一段落。我向窗外看去，才发现天已经黑了。一看时间，不得了，原来已经快8点钟了。平时如果6点还没开饭，女儿就要开始叫饿，这都快8点了，女儿要饿成什么样子。我赶紧冲到客厅，发现女儿正眼泪汪汪地坐在电视机前，一幅泫然欲泣的样子。我回想起女儿说不饿的语气，显然那会女儿就已经饿得没力气了，因为我只注意女儿说了不饿，而忽视了语境，才导致了这样的状况发生。我赶紧带着女儿出去好好吃了一顿，才把女儿哄好。

成年人在听孩子说话的时候，都倾向于孩子会说真话，但其实并不是如此。孩子也会说言不由衷的话，不管是出于善意还是恶意，不能在沟通的时候将孩子的每句话都当真。如果在交流的时候只重视内容而不重视语境，就无法分辨孩子的那些言不由衷，无法得知孩子在说话时候的真实想法与心境。

　　只有将语境放在内容之上，才能更好地理解孩子的想法，才能更好地建立与孩子沟通的桥梁，才能让这份亲子之情更加深厚。

第七章
学语言就是学思维，
撬动思维的"杠杆"

　　语言与思维的关系之紧密，远超人们的想象。如果将我们的大脑比喻成一台电脑主机，那么嘴巴就是电脑的显示器。大脑里有什么，嘴巴就能利用语言输出什么。如果说眼睛是心灵的窗口，那么嘴巴则可以说是心灵的大门。想让孩子学好语言，就必须要注意孩子的思维发展。如果孩子的思维出现了问题，也会反映在孩子的语言方面。

语言背后的
秘密

语言的边界就是思维的边界

每个人的语言都有自己的特点，这种特点的形成原因是多方面的。根据每个人的家庭环境、工作环境、接触人群、受教育程度、兴趣爱好、年龄性别等，形成了每个人独特的语言特点。

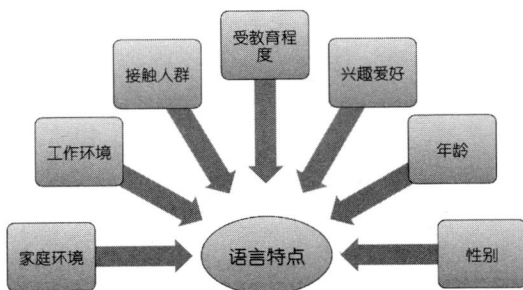

图7-1 个人语言特点的形成

语言的边界就是思维的边界，因为你的所使用的语言，必然是你见过的、听过的，又或者是根据接触到的事物，自己进行二次加工出来的。不管是哪一种，语言势必不可能超过你的思维。

随着互联网的飞速发展，网民数量的急剧增加，不同地区，不同工作环境、生活环境、受教育程度的人也能因为某件事情凑到一起进行交流，这个时候语言的边界就是思维的边界这件事情就被体现得淋漓尽致了。

例如，某个知名博主在自己的微博当中使用了一个方言中才有的词汇，就会有人表示，这个博主一定是自己家乡这边的人。其实，中国的方言多种多样，有不少方言中的词汇虽然与常用的普通话词汇不同，但在其他方言当中却也是常见、常用的。随意将某个词汇认领为自己所说的方言当中独有的内容，自然就是他的语言边界受到了思维边界的影响。

语言的边界是要受到思维边界限制的，那么思维边界又是否会受到语言边界的影响呢？答案是会的。语言被思维限定了边界，当人类开始独立思考的时候，如何组织语言，如何使用语言，如何让自己的语言有更好的表达能力，这些是构筑在逻辑的基础上的。

思维方式影响着我们说话的方式，决定了我们如何去使用语言。而我们所接收到的，来自其他人的语言，会对我们的逻辑思维方式形成冲击，改变我们的语言模式和思维方式。显然，语言和思维是互相影响着的。

想要加强孩子的语言能力，那就要扩展孩子的眼界，增加孩子的知识。而想要改变孩子对世界的认识，改变孩子思考的方式，也需要家长在语言方面进行引导和培养。

01/ 交流讨论时尽量使用描述性词语

语言与我们的思维是分不开的，我们使用怎样的语言，取决于我们认识多少事物，有多少知识。因此，越是处于同一圈子的人，越是有共同语言。这是因为相同的经历，相同的爱好，对事物相同的认知，以及相同的想法导致的。有些时候，甚至不需要太多的言语，只需要一个词语，对方就能理解你想要说的是什么。

举个简单的例子，某人介绍自己的名字，某红，如果对方问是哪个红，最直观的方式是说红色的红，而说是颜色的红，对方仍然能听明白。因为对方知道，颜色当中的红，就是"红"这个字。

对于孩子来说，这样的交流方式是不可行的。因为孩子的创造力、想象力远胜于成人，但是见识、知识面、对世界的理解，却远远不如成人。例如，诺贝尔文学奖获得者，知名作家莫言，他的获奖作品《蛙》中有这样一段描写："我是姑姑接生的第二个孩子，出生时先出来一条，被姑姑拽着腿，像拔萝卜一样拔了出来。"这是一段非常生动的描写，从拔萝卜这个词汇，人们脑海中立刻就会出现孩子是怎样被拔出来的。但对于孩子来说，如果并不知道什么是拔萝卜，不知道拔萝卜是什么动作，是怎样的一种状态，那就根本不能理解这句话所要描写的东西。

想要与孩子顺畅的交流，就必须要用更多、更简单、更详尽的方法，尽量多使用描述性词语。

在我女儿小的时候，曾发生过这样一件事情。女儿在看一本书，书中提到了土星。女儿好奇地问我，土星是什么样子的。于是，我就按照成年人的想法，为她描述了一下土星：就是一个球体，外面环绕着一个冰环。女儿脸上露出了疑惑的神情，随后就又追问我，球体是什么，冰环又是什么。

这个时候我才明白，我在跟孩子描述土星，而不是跟一个成人。于是，我就告诉女儿，像皮球那样形状的东西，就是球体了。环，就是一个圆圈，像呼啦圈一样。土星外面的冰环不是呼啦圈，是冰做成的，而且是扁的。这样的描述，才让女儿在脑海中大致想象出了土星的样子。

我很庆幸女儿有着很强的好奇心，如果她没有继续追问球体是什么，冰环又是什么，那么她对土星的样子根本不可能形成一个基本的认识。

多用描述性的语言，才能更好地跟孩子沟通。在成年人的对话当中，在描述一件东西的时候，经常会使用另一件相似的东西来做指代。形容一种水果的味道，除了使用一些常见的形容词之外，一定会用另外一种水果的味道来做比较。形容一种颜色，一定会先提出另一种颜色，在另一种颜色的基础上进行增减描述，一边更好地描述自己想要描述的东西。这种方法，在与孩子交流的时候是行不通的。

孩子对于这个世界的认知实在太少，如果用一件东西去类比另一件东西，在不能保证孩子知道你所说的那件东西的时候，只能让孩子越来越迷惑。因此，在与孩子的交流的时候，一定要尽量多使用描述性的语言。

除了保证我们要尽量多的使用描述性语言，孩子同样也要多使用描述性的语言。孩子对一件事物的描述，取决于孩子对这件事物的认识。孩子对一件东西越是了解，就能够描述得越详细，而如果孩子对一件东西只有一知半解，那描述也是模糊不清的。

如果我们要求孩子在讲述一件事物的时候，尽量说得清楚，尽量描述出每一个细节，那么孩子在观察事物的时候也会养成更加细心的好习惯。

对孩子来说，这个要求可能有点困难。孩子在达到你的要求之前，可能要数次去反复地观察一件事物，这是很正常的现象。家长一定要有耐心，不能急于求成。培养一个习惯并不是那么容易的事情，更何况这个习惯会影响孩子的一生。只有给孩子足够的耐心，孩子才会有心情将事情做好。也只有孩子，才会真正的、不厌其烦地为了描述一个事物去反复地观察。

家长在与孩子交流的时候，尽量多使用描述性词语，可以帮助孩子更好、更快地理解家长想要说什么。而要求孩子多使用描述性词语，能让孩子更好地去认识这个世界。

02/ 以"第二人称"的另一世界观去表达

站在对方的角度去思考问题，这是成年人解决争端，让沟通变得顺利的一个重要方法。很多看似难以理解的行为，只要能站在对方的角度上去看，总是能发现端倪，总是能为困局找到一个出口。但是，在教育孩子的时候，很多家长就从没有站在孩子的角度上去考虑过问题。

这不是家长对孩子不关心，而是因为成年人往往觉得自己的想法更加成熟，自己的眼光比孩子看得更远。所以，以一个成年人的角度去看待问题，往往更容易解决孩子面临的问题。从解决问题的角度来看，这的确没错。成年人总是比孩子有更多、更好的方法。但是，在解决问题的过程中，成年人往往会忽视孩子的感受，完全不考虑孩子的承受能力。

　　为了解决问题产生的某些后果，对于成年人来说是不值一提的，但对于孩子来说却是不能承受的。这往往成了孩子与家长在看待一件事情的时候，出现矛盾的根本原因。

　　看待问题尚且如此，在描述一件东西的时候，就更是这样了。孩子的目之所及和成人的目之所及，自然大不相同。成年人比孩子站得更高，看得更远，想得更多。而孩子没有那么好的条件，在描述一件事情，表达自己想法的时候，只能描述自己看见了什么，在自己的认知当中寻找词汇来讲述自己看到的东西。

　　想要明白孩子的话，就需要让自己的思维逆转到孩子的位置上。这可就不仅仅是换个地方站的问题了，有许多方面，都是我们要注意的。

站在孩子的角度　同步孩子的视野　使用孩子的语言

图7-2 用孩子的思维去和孩子沟通

首先，我们要注意到的就是孩子所站的高度。孩子的身高与成人不同，看见的东西自然也与大人不一样。孩子的思想高度与大人不同，心中的想法自然也与成人想的不一样。在孩子描述一件事情，而我们却完全没有看到的时候，不管是思想上还是身体上，都不妨蹲下身姿，在孩子的高度看看，也许就能找到孩子言行举止形成的原因。

站在不同的高度，看到的距离自然也是不一样的。站得高看得远，这是最简单的道理。孩子站得不高，自然看得不远。所以，在孩子做出一些短视的选择时，家长万万不要觉得孩子不懂事，而是要从长远的角度，认认真真地告诉孩子为什么要这样做，而不是简单粗暴地告诉孩子应该怎么做。简单直接地告诉孩子应该怎么做，只能激起孩子的逆反心理。

其次，视野的宽度。人的视野总是受限的，孩子往往没有成人眼观六路，耳听八方的习惯。注意力更加集中的孩子，往往会忽略身边的许多事情，将视野专注在一个焦点上。在这种情况下，家长会觉得孩子认死理，钻牛角尖。

成人比孩子更有大局观，更有从全局角度去看问题的视野。孩子钻牛角尖，不是因为别的，只是因为没有看到成人所看到的全部东西而已。所以，在孩子执着于某个问题，做出了错误的选择，或者始终无法理解家长的选择时，不妨让孩子仔细看看，除了他专注的东西外，周围还有什么是重要的。

最后，站在孩子的角度，也要学会孩子使用的语言。沟通之所以存在障碍，无非是双方在交流的时候，有一方听不懂另一方在说什么。孩子想要表达的东西，只有站在孩子的角度上才能理解，而家长想要表达的东西，也需要家长站在孩子的角度上进行表达，孩子才能明白。

如果我们想要与孩子顺利沟通，那就必须要使用孩子的语言。特别是在孩子的世界观完全形成之前，对于身边的人和事物，孩子都可能有自己独一无二的表达方式，有自己独一无二的称呼方式。如果想要明白孩子在说什么，想要让孩子明白你在说什么，那就要了解在孩子的眼中，那些东西在孩子的眼中是什么样的，是需要怎样描述的，是有着什么成人所不了解的名字的。将这些东西总结成孩子所能明白的词汇，那么交流起来就能够顺畅许多。

在与孩子的交流当中，仅仅去尝试"旁观者清"是不行的。脱离了自己的个人，但却没能超脱自己的视野、眼光、想法、角度，这些都仍然是成人的。做一名所谓的旁观者，也不过是不带入个人情感而已。想要真正地了解孩子，顺利的与孩子沟通，就必须要代入孩子的身份，融入孩子的身份，这样才能看到和孩子所看到相同的世界，才能保证与孩子的沟通没有问题。

03/ 逻辑的语言就是前提与结论的语言

语言逻辑是一门博大精深的课程，想要完全弄懂语言逻辑，并且能将其利用起来的人少之又少。但是，绝大多数人能使用最基础的逻辑语言，让交流的人能听懂一件事情的前因后果，以及这段话想要表达的究竟是什么内容。

这对于孩子来说却不是一件容易的事情，有不少家长觉得自己的孩子在讲话的时候没头没脑，完全不能让人明白这段话想要表达什么。想要让孩子顺利地用语言表达自己的想法，那就必须要培养孩子最基础的语言逻辑能力。而最基础的语言逻辑，就是因果关系，也就是事情发生的前提和结论。

事情的前提和结论，在交流当中远远比人们所想的更加重要。越是重要的事情，越是严谨的结论，就更加需要前提。许多学科在讲述概念的时候，都要有前提。越是深奥的内容，前提就越多。许多哲学思想之所以晦涩难懂，就是因为在讲一句话之前，要加上数个前提，层层叠加，如同俄罗斯套娃一样。

在日常生活中，人们似乎很少使用前提这个东西，但对话仍然是成立的，仍然是有逻辑的。其实，这些对话并非是没有前提的，而是因为前提早已经存在了。或许是彼此之间的熟悉可以在谈话的时候忽略前提，又或者是前提是客观存在的，并且就放在人们的眼前。

大多数结论都必须有前提的存在，例如，某人对朋友说："老张真是心灵手巧啊！"单单这样一句话，是会让人摸不着头脑的。但如果老张做了一件能体现其心灵手巧的事情，又或者说老张正在他们前面做这件事情，那么前提就已经是客观存在的了，就不需要体现在语言当中。

在孩子的思维当中，是很少有因为……所以……这个概念的，这也是很多孩子说话毫无章法的根本原因。我的女儿曾跟我这样讲述她想说的一件事情："我今天早上吃过早饭以后，就在公交车站等着去学校的公交车，坐了好一会才到学校，差一点就迟到了。就在我要走进班级的时候，我们班的一个男生急匆匆地走进来，撞了我一下，差点就把我撞倒了。我赶紧扶住门，才没有摔倒。我刚进门，还没坐下，老师就进来了，开始讲昨天布置的作业。那堂课老师两次叫我回答问题，我都答对了。然后老师又叫了那个撞我的男生回答问题，他就答不上来，哈哈哈哈哈……"

这一番话说得我莫名其妙，也不知道如何发表自己的意见，只好顺着她的话，夸了她几句，说她真聪明，学习好。但是女儿并不满意，她对我说："我当然是很聪明的啊！但那个男生真的很可恶，他撞了我居然连声'对不起'都没说……"接着又滔滔不绝地说了下去。

直到这个时候我才明白，女儿不是想跟我讲述她一上午的经历，也不是让我夸奖她比其他的同学成绩好，她只是在向我声讨那个男生有多么的可恶，撞了人居然不说"对不起"。

从这段话里，我们不难找到和孩子交流的两个难点：第一，模糊的前提；第二，没有结论。

谈话的前提模糊，是很多人都会有的坏习惯。要讲一件中午发生的事情，往往要从早上起床说起。如果你想要知道他想表达什么，那就必须要从这漫长的前提当中如同碰运气一样，去提炼这段语言中的关键内容。在没有提示的情况下，这难比登天。即便是有结论做帮助，这样漫长的前提只能让人记不住关键点在哪里。

不要小看这个问题，在日常生活当中，我不止一次碰见过在说结论之前给出一个漫长前提的人，或者是根本不给任何前提的人。如果你没听懂他们的意思，他们反而会倒打一耙，说你理解能力差。出现这种状况，就是在儿童时期没有养成良好的语言习惯。

缺啥结论在沟通的过程中也会让人摸不着头脑，任何一段话都要有其意义。即便是闲聊，你也要将想要表达的事情准确的传递给对方。如果只是洋洋洒洒地说了一大通话，最后却没有一个结论，这种交流是没有意义的，只能让对方觉得无聊。

在孩子讲话的时候，一定要让孩子注意，说话要有前提，更要有结论。前提不准确，结论就是模糊的。没有结论，不管有多少前提，这段话都是没有意义的。

04/ 小小口才家都有强大的概括能力

只要不是缺少一些先天条件，或者是后天遇到过什么损伤，人都应该是会说话的。这是人与人之间最快、最简单的交流方式。但是，这人人都会说的话从不同人的口中说出来也不一样。仅仅是表达语言的意思这一点，就能看出人与人之间的巨大差别。有些人只用短短几句话，就能将自己想要表达的东西事无巨细展现出来。而有些人呢，洋洋洒洒，说了半天，写下来也能有几千字，却仍然表达不清楚一件事情。这其中的差别，就是概括能力的差别。

概括能力，看似简单，实际上要求却很高。不仅要听懂对方在说什么，还要提炼出这段话里最核心的几点，然后用简单易懂的语言将其复述出来。想要完成这三个步骤，就需要三种能力。

想要听懂对方在说什么，那就必须要了解对方语言中的每个词汇，即便不能完全了解，也要能根据语言中的上下文，大致知道对方想要表达的内容。只有这样，才能够理解对方在说什么，对方想要表达什么。

这是一种语言的规律，更是一种经常使用语言而产生的感觉。一旦这种感觉产生了，形成一种习惯，孩子以后接触其他的语种，也能够快速上手，接触到不同的知识，在学习的过程中也能快速的举一反三。因此，家长要培养孩子多说话，即便是内向的孩子，也要让其多接触语言方面的东西。培养读书的好习惯自然不必说，看影视作品的时候，要求孩子不仅能听懂里面在说什么，更要让孩子多看字幕，看懂字幕，帮助孩子提高对语言的感觉。

提炼出一段话里的核心内容，是学校、家庭，都在一直培养的。在语文这一科目当中，提炼文章的核心思想，一直是经久不衰的题目。人们在描述某件东西，讲述某件事情的时候，会加入许多不相干的内容。这并不是能力不足的表现，而是因为真实的事情就是如此，回忆更是一个循序渐进

的过程。如果一个人在说话的时候，总是三两句就能够完整地讲述自己的一段经历，那么是这段话已经在他脑海当中提炼过了，要么就是他在撒谎。只有谎言才是只有短短几个部分，而没有衔接过程和细节的。

想要培养孩子的概括能力，就必须要让孩子学会提炼一段话中的核心内容，提炼出一段话中的关键点。只有这样，才能迅速地取得语言当中的精华部分，概括出核心含义。形容、描述，并不是没有意义的，很多时候这些内容能够让语言变得更加美丽，更能拨动人的情感。但是，对于提炼语言的核心思想却是没有用处的。我们培养孩子的概括能力，的确是要剥掉语言华丽的外衣，但也不能让孩子认为这些东西是没用的。如果孩子认为美丽的描写，恰当的形容都是没有意义的，那这个教育过程就有些顾此失彼了。

最难的一步是将听到的话用更加简练的语言概括出来，都说台上一分钟，台下十年功，完成概括能力的最后一步也不遑多让。中国的文字、语言，博大精深，有时候，一个词就能概括一大段的形容，一个成语，就能让对方听懂你要描述的情感、过程、事物，一句歇后语，不仅能准确地形容事物的状态，更能起到让人忍俊不禁的幽默效果。

但是，这些简练的词汇、成语、歇后语，都不是一朝一夕就能够学会，并且熟练运用的。这是个积累的过程，只有孩子越来越多认识这个世界，掌握越来越多的知识，阅读大量的文字，并且加以练习，才能熟练地使用这些东西。万事开头难，但总归是要开头的。既然要培养孩子的语言能力，从娃娃抓起，那么这一关就是必须要过的。

想要让孩子拥有强大的概括能力，不能急于求成，一定要有耐心。十年树木，百年树人，培养孩子成人，让孩子拥有强大的语言能力才是我们的最终目标。不能急着在几天、几个月里就能取得成效，要以年为单位进行。只要方法得当，日积月累之下，孩子一定能够拥有强大的语言概括能力。

05/ 语言是用来沟通的，而不是为了争吵

语言是最动人的，也是最伤人的。短短的一句话，就讲清了人们在沟通时候的两种状态。要么达成一致，要么不欢而散。虽然也有这两者之外的情况，但如果结果在这两者之外，就说明沟通只是暂时结束，还会有下一次。

顺利沟通和发生争吵，自然是沟通比争吵来得更好。但即便是成年人，也难以避免沟通不畅，最后发生争执的情况出现。而会沟通的人，即便不能达成自己想要的目的，也能

让沟通顺利地进行下去，在小范围内达成共识。造成这种差异的原因，不仅仅是使用语言的方式，更是因为使用语言时的思维方式。

当我们想要说服一个人的时候，很容易站在对方的对立面上。对于成年人来说，双赢的概念都是知道的，但是对于孩子来说，却没有这种想法。孩子的世界往往是非黑即白的，一块蛋糕，别人吃了，我就没得吃。好玩的玩具，在别人手上，我就没得玩。这种简单的思维导致孩子的说服往往是带有掠夺性质的，是很容易引起争吵的。

想要让孩子不进入争吵的思维误区，首先需要让孩子明白，他要沟通的人，并不是站在他对立面上的。我的女儿也曾因为各种各样的要求不能被满足而跟我吵架，一个周末，她告诉我想要去公园划船。我知道星期一上学的时候，她们班级会组织一次小测验，于是就试图说服她，让她在家里复习，下周再去划船。

没说几句，女儿就火了，指责我专制，告诉我说即便是不复习，她测验也不会有任何问题。其实我当时也不是很坚决地不许她出去，毕竟周末有两天的时间，她只要抽出半天时间来复习，我觉得就足够了。但是她的态度激怒了我，于是我用更加强硬的态度告诉她，这周就是不许去划船，不是担心她测验有问题，是她的态度有问题。

　　女儿气冲冲地进了房间，用力地甩上了门。过了好一会，女儿又打开门，满脸委屈地走到我面前，向我道歉，并且询问我，如果她今天好好的复习，明天可不可以去划船。我告诉她，明天下午再复习效果更好，今天去划船吧。就这样，女儿欢天喜地地走了。

　　从那以后，每次女儿在跟我交流的时候发火，我就会毫不犹豫地拒绝她的要求。而如果她有理有据地跟我交流，我就会告诉她我为什么会同意她的要求，或者拒绝她的要求。久而久之，女儿就明白了，如果她想要达成目的，沟通、交流，远远比发火、争吵来得更有效。更从我心平气和解释给她听的原因中得知，我不是她的敌人，即便我不允许她去做某件事情，也不意味着我站在她的对立面上，我做出的选择也是有我的原因的。

　　用语言来交流、沟通，是为了传递思想，为了实现自己的目的，为了说服对方。当然，这一切都是建立在正常沟通的情况下的，只有正常的沟通，正常的思考，才能够保证自己的语言是正常的，不会因为愤怒，因为失去理智而说出本来不该说的话。如果沟通变成了争吵，那情况就变得大不一样了。

　　本来能正常沟通的双方，各自有各自的立场，即便立场不同，也不意味着双方是对立的。一旦争吵开始，双方就会毫无疑问地站在对立面上，这个时候道理就变得越来越不重要了，控制双方的就变成了情绪。你想要达成的目的，我就偏不让你达成。你想要做的事情，我就偏不让你做。没有什么正当的理由，就是因为我们在吵架，我们是对手，或者我生气了。

争吵不是使用语言的正确方式，求同存异才是沟通之中想要达成自己目的的最佳办法。想要让孩子从争吵的惯性中解脱出来，那就要先让孩子知道，阻止他的人，不肯满足他要求的人，并不是他的敌人。即便双方立场不同，方向并不完全一致，但也会有相同的地方。

与其与对方争吵，不如讲出自己的道理，或许对方可以理解。如果对方不能够理解，那么也可以在一定的前提下，在小范围内达成某种共识。就如同我跟女儿一样，她想要在周日划船，而我觉得周日用来复习更好，于是改成周六划船，周日复习。这样她划船的愿望得到了满足，而我想让她复习的想法也实现了，这就是求同存异带来的好处。而如果是争吵呢，孩子就什么都得不到。

语言是为了沟通而存在的，并不是用来争吵的。如果我们想要通过语言来达到目的，那么最好的方式永远是沟通，而不是争吵。早些让孩子知道这一点，不仅能增强孩子的沟通能力，还有助于让孩子拥有一个冷静的头脑。

06/ 踏上用语言转变信念的神奇旅程

人们常说语言是优美的，是充满魅力的。这固然是对语言的一种认知，但人们更应该坚信的是，语言是有力量的，是能够改变很多事情的。即便是人的思想，人的信念，也可以通过语言进行转变，进而影响到整个人的行事准则、理想、目标，以及其他的各方面。

励志类的书籍就是用语言转变人们信念的一个重要例子，自从《羊皮卷》系列盛行开始，无数的励志书籍开始变着花样出现在市场上。

励志书籍并不是对每个人都有用，但也不是完全无用的。殊不知，从励志书出现开始，就有无数的人因为励志书改变了自己的想法和信念，进而改变了自己的人生，获得了成功。虽然这些人只占购买励志书人数中的一小部分，但实际上成功人士本来在人群中所占的比例就不高，不是吗？

通过语言来改变人的信念，并非不可行，特别是对孩子来说。孩子由于年龄还小，世界观、人生观还没有彻底成型，更容易因为受到打击一蹶不振，也更容易接受来自正面的信息，得到鼓舞，改变自己的想法。

　　每个孩子都有属于自己的烦恼，我女儿也不例外。随着女儿逐渐长大，她开始发现自己不是什么事情都能做好的。例如，她在体育方面就很缺少天赋。她能在短时间内学会体育项目所要求的姿势、动作，但想要做好这些东西，就很难。例如，在她学游泳的时候，她是全班第一个学会的。但是，在其他同学都学会了以后，她游泳的速度远远赶不上其他同学。在学习体操的时候，她也是全班第一个记住所有动作的孩子，但是当大家都学会了以后，她反而成了动作不怎么协调，也没那么美观的一个。特别是体操这件事情，居然让女儿满脸委屈地跟我诉苦。

　　听了女儿的话，我是满心愧疚的，因为女儿在运动这一方面的天赋几乎完全继承于我。学得快，用得差。但我知道，即便如此，也不能打击女儿的自信，相反，更是要通过这件事情树立女儿的自信心。

　　我告诉女儿说："凡事都有瓶颈这一说法，不管学什么，做什么，在进步的过程中，只要碰到了瓶颈，就会遭遇短暂的停步不前。但如果持之以恒，就能够突破瓶颈，让自己的能力得到再一次进步，变得越来越好。你学东西比其他人要快，那么自然也比其他人更早遇到瓶颈。只要能够坚持下去，就一定能比别人做得更好。毕竟他们也会碰见瓶颈，只是遇到的比你更晚而已。归根究底，你还是走在其他人前面的。"

女儿相信了我的话，于是在做体操的时候比其他人更加专注，更加注意自己的动作幅度是否标准，是否到位，力量够不够。果然，在一段时间以后，女儿的体操做得就和其他人一样了。又过了一段时间，女儿的体操真的比其他同学更加标准，更加美观了。因为这件事情，女儿又找回了自信，又变成了那个无所不能的小女孩。

其实，我清楚地知道，她在体育方面的确没有天赋。但是，整个班级，没有任何一个人像她一样在意自己的体操动作是否标准，是否美观。在女儿认真纠正自己的动作一段时间以后，自然要比其他人做得更好。至于女儿是否发现自己没有体育天赋，我也并不担心。相信等她明白天赋是一种怎样的东西的时候，也应该知道自己的长处在哪里，应该知道自己不该纠结于自己不擅长的事情了。

毫无疑问，语言是有力量的。这种力量对人的改变不是直接的，但却可以通过各种各样的间接条件达成。我们可以将语言当作障眼法，当作魔术来使用，来改变孩子的信念。很多时候，孩子所需要的不过是一句鼓励，一个来自不同角度的思维方式，一点正能量，就能改变现状，迸发出惊人的力量。

第八章
语言不只是说话，还有一万种可能

　　仅仅用说话来形容人类的语言，那实在是太浅薄了。人们有各种各样表达自己思想的方法，这些方法都是语言的延伸，也可以说是语言的一部分。人们经常使用的有文字、绘画、肢体语言、表情语言等。这些语言在孩子还小的时候就已经开始使用了，从这些不加修饰的语言中，我们能看见一个更加真实的孩子。

语言背后的秘密

"听"懂孩子是解决亲子问题的"万能宝"

语言自从出现以来就有着超越人们想象的巨大用处，因为人类的沟通能力十分有限，并不能像自然界中其他生物一样，可以通过振动的频率，可以通过气味来传递自己想要表达的内容。人类想要将自己的想法告诉别人，最佳的方式就是通过语言。而其他诸如表情语言、肢体语言等，也不过是语言的延伸而已。而沟通，是语言应该起到的最大作用和根本目的。

可惜的是，在解决亲子问题的过程中，不少家长和孩子的沟通出现了问题，而这其中最重要的一个原因就是家长听不懂孩子想要表达什么。沟通，永远都不是单向的。不少家长认为，自己每天都抽出一定的时间和孩子谈话，就已经做好了沟通这件事情。其实，这种沟通是不合格的，是毫无作用的。自己喋喋不休地表达想法、意见，不顾及孩子的想法，也不想知道孩子想要表达什么，这并不是沟通，而是单向的意识输出。

沟通，除了要让对方理解自己的想法外，还必须要理解对方的想法。如果你听不懂孩子想要表达什么，又或者孩子不愿意跟你表达什么，那么又怎么能实现沟通呢？这样的谈话不过是家长自以为的沟通，这种沟通不过是在增加孩子的负担而已。

还有不少家长认为，既然孩子有自己的想法，为什么不原原本本地告诉自己呢？这就说明沟通的桥梁出现了问题。家长与孩子之间的关系永远不可能是平等的，但双方地位相差甚远的沟通，是永远得不到真实的答案的。这就导致了，孩子本来应该说的话，在"不想说"和"不能说"之间徘徊。

因为家长以往的态度，很多话说了也没有意义，甚至还会遭到家长的斥责，所以就出现了"不想说"。因为家长的观念与想法，让很多问题从根本上变成了一种禁忌，这种问

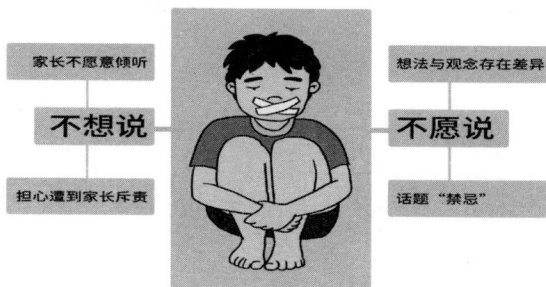

图8-1 孩子为什么拒绝沟通

题就变成了"不能说"。这样做，家长固然不会听到自己不想听的话，但是"不想说"和"不能说"，就代表了事情不会发生吗？显然不会，事情还是会发生，而家长则会成为最后一个知道的人。

　　沟通有许多种方式，如果我们能找到语言之外的沟通方式，能够更多渠道去了解孩子，那么你将会发现孩子你之前所不知道的另一面。而这另一面，或许才是孩子最真实的一面。也只有发现了孩子最真实的那一面，才能及时地发现那些孩子"不想说"和"不能说"的问题，进而去想办法解决问题。

01/ 孩子的一切信息在脸上明摆着，
你会"读"吗

　　相比从嘴里说出来的话，表情语言的出现相对并不那么频繁，也不够直观。但是，表情语言却更加的真实。除了受过良好训练的演员、特工，又或者是别有用心的人之外，大多数人并不擅长掩饰自己的表情。人们常说那些有才能的是人喜怒不形于色的，没有表情也只不过是控制住自己本应出现的表情，而没有为表情披上一件令人难以察觉的外衣。所以，读懂孩子的表情，是了解孩子想法非常重要的一种能力。

　　都说人的眼睛是心灵之窗，但很少有人注意到，眼睛和眉毛是一个整体。眼神不容易分辨，但眉毛的动向却更加容易辨认。至少，我们能够从眉毛的动态来判断孩子脸上的开心、脸上的平淡是真的还是假的。

　　在女儿成长的过程中，我就不止一次从她的表情当中看出一些问题。例如，一天晚饭的时候，我随意问了一句：

"今天在学校过得怎么样？"女儿也随意应和了一句："挺好的。"虽然她的回答自然无比，语气也是轻描淡写，但我却发现她微微地皱着眉头。

人在皱眉头的时候往往就代表着情绪上有所波动，而皱眉头的方式也分成两种，一种是在皱眉头的同时，眼睛也微微地眯起来。这种表情说明了一个人遇到了危险，他内心正在提高警惕，提高防备。而另一种，就代表着有烦心事。在当时的情况下，我自然知道我的问题让女儿想到了学校里发生的不开心的事情。

在我的引导之下，她才告诉我，今天她们班级换了一个英语老师，而这位老师的教学方式让她很不喜欢。如果不是我从女儿的表情之上发现问题，我就不会知道女儿对新来的老师有看法。那么，当我发现的时候，女儿的英语成绩可能已经一落千丈了。正是因为我读懂了女儿的表情，才能及时地发现问题，去解决问题。

眼睛是除了嘴巴之外最能传递信息的器官了，但是，孩子用眼睛所传递的信息，往往是大人不想知道的信息。这种传递方式是孩子之间的秘密信号，是为了避开大人而专门设计的。有些时候，需要读懂这些信号，才能发现孩子之间的秘密。

某个双休日的中午，女儿急匆匆地吃过午饭，告诉我说她下午要出去一趟。她要去哪里，我自然是要询问一下的。她说明天学校会组织一次小测验，她要去书店找一本老师推荐的参考书，保证这次测验的成绩。我想也没想，就同意了。

不一会，女儿的朋友敲响了我家的房门。我打开门以后，女儿兴冲冲地从房间里冲了出来，就要穿鞋出门。在出门之前，我问了她一句："去××路有点远，要不要我开车送你们去？"女儿的朋友显然不知道去书店的事情，脸上露出了迷茫的表情，朝女儿眨了下眼，女儿则向她挤了挤眼，女儿的朋友马上说："谢谢您，不用了，我们两个去就行了。"

从这一眨眼，一挤眼，我就知道女儿对我撒谎了。我开始坚决要求开车送她们两个去，女儿则表现出了强烈的抗拒感。在我的追问之下，女儿才说她和朋友要去参加某个明星的签售会。原来明天考试是真的，去书店却是假的。但是，在女儿跟我保证她这次的考试成绩一定不会出问题的情况下，我还是允许她去了。

每个孩子都会有说谎的时候，都会有言不由衷的时候，都会有因为各种各样的心思不想告诉父母的事情。因此，父母必须有识别孩子表情语言的能力。而想要识别孩子的表情，就必须足够了解孩子。

每个人脸上所展露出的表情，都不是临时出现的，而是长期以来的习惯。当孩子撒谎的时候，当孩子沮丧的时候，当孩子开心的时候，脸上总是会有习惯性的表情出现。只要我们能牢记孩子的这些习惯，就能准确地判断出孩子的心情和状态。

至于那些能够分辨出人心情、状态的微表情，如果能了解一些再好不过了。但这是一门博大精深的学问，本书在这里就不一一赘述了。不过，我们只是要掌握孩子的情绪和举动，从表情当中解读出一些孩子不想说的东西，不是用来对付我们的敌人、对手。所以，只要能抓住孩子不寻常的表情，就足够我们达成目的了。

02/ 注意！意在言外，身体泄露的信息

肢体语言一直是表达当中非常重要的一部分，肢体语言和表情语言一样，很难在这上面说谎。我们想要识别孩子想要表达什么，那么肢体上的语言同样要重视。特别是在沟通中，孩子很容易说一些言不由衷的话，例如，孩子在说"我

明白了"的时候，可能是真的明白了，也可能只是在敷衍你，又或者是孩子担心自己还没明白，要承受家长的怒火。那么，孩子在肢体上的动作究竟能透露些什么，要如何读懂孩子的肢体语言呢？

很多肢体语言都是有迹可循的，但却往往不像家长们想象的那样。例如，你在给孩子讲道理的时候，孩子将头垂下，这代表着什么呢？不少家长都认为，孩子低头就代表知道自己做错了，接受了家长的教育，其实并不然。很多时候孩子在交流、沟通的时候低下头，是因为情绪上的低落和内心的不服气。低下头并不仅仅是情绪使然，更多的是为了不让家长看见自己脸上不服气的表情。

对于年纪小的孩子来说，肢体语言要更加丰富一些。很多孩子在被迫表现自己的时候，会出现扭来扭去的动作，这种行为说明孩子正在害羞，但却不代表退缩的心理。这个时候如果能给孩子一些鼓励，孩子是非常愿意表现自己的。如果觉得孩子害羞就改变想法，不让孩子表现，反而会让孩子扫兴。但如果家长要求孩子表现自己的时候，孩子出现了双手放在身前直立的动作，则说明孩子真的不想表现，对自己缺乏信心。这个时候如果还继续鼓励孩子，强行要求孩子做一些展示，那只能让孩子难过。

　　孩子在沟通过程中另外一个经常出现的举动就是轻微地摇头，很多家长都很不喜欢孩子的这种动作，认为孩子在否定自己刚才所说的话。其实摇头有些时候表达的不是情感，而是一种下意识的行为。每个人在沟通的时候都有听不懂对方在说什么的时候，而当孩子摇头的时候，不代表孩子在否定你所说的话，而是说明孩子并没有听懂你刚才在讲什么。人在不清醒的时候会下意识地轻轻摇头，来让自己清醒过来。

　　而如果是幅度较大的摇头，则说明孩子在否定自己。特别是你在谈到某件事情、某个规定不允许孩子做的时候，如果孩子会不自觉地摇头，那就说明孩子一定做过这件事情，一定违背过这项规定。

　　另外孩子还有一种特别难懂的肢体语言，那就是不自觉地将脚伸向某人。这种不自觉地伸脚，与想要去踢对方不同，不是突然的，更不是带有恶意或者恶作剧性质的，而是一种无意识的行为。很多家长在孩子将脚伸向家里的客人时，往往会觉得孩子没有礼貌，加以训斥。其实这并不是孩子没有礼貌，而是孩子不自觉亲近那个人的行为。

　　我的女儿在小的时候特别喜欢我的一个同事，对方每次来的时候都要陪她玩一会，还经常给她带些小玩具，零食之类的。一次，我抱着女儿和这位同事聊天，发现女儿的脚离这位同事越来越近。我当即把她抱到离自己近一点的位置，聊了一会发现女儿又不自觉地把脚伸了过去。

同事离开了以后，我问女儿："叔叔对你那么好，每次来都陪你玩，还给你买东西，你怎么总是用脚去踢叔叔呢？这样很不礼貌，你叔叔真的是白对你那么好了。"

女儿委屈地说："我不是要去踢叔叔，我很喜欢叔叔，我就是想要离他近一点。"

我这才恍然大悟，这种情不自禁地想要离对方近一点的行为的确经常出现在小孩子身上，但却不仅仅出现在小孩子身上，成年人有时候也会有这种下意识的动作。对于想要亲近的某个人，会情不自禁地把自己肢体的某个部分凑向对方，最常见的就是把自己的脚在桌下，又或者其他看不见的地方不自觉地朝对方靠近。

孩子比成年人更没有控制自己肢体语言的想法，因此通过肢体语言去了解孩子，是一条更好的途径。

03/ "失语"的孩子究竟在"说"什么

失语，是一种可怕的疾病，我们在这里所说的失语，并不是病理上的失语，而是孩子突然失去了交流欲望。相信每个家长都曾碰见过这样的事情，跟孩子沟通到一半的时候，孩子突然不再说话，拒绝交流，一言不发，这就是我们要说的失语。

其实在交流的过程中，孩子赞同家长的意见也好，反对家长的意见也罢，都是一种正常的沟通，失语不是。失语往往让家长彻底失去了解决问题的途径，堵住了交流的渠道。因此，这也是最让家长恼火的问题。那么，失语的孩子究竟想说什么呢？

根据不同的情况，失语也有不同的原因。但孩子最常见的失语，是因为委屈。本来孩子的语言表达能力就远远逊色于成人，如果情绪过于激动，大脑发热，那就更加什么都说不出来了。这个时候，孩子会出现激动、哭泣的情况。如果孩子出现了这种情况，那么家长就一定要反思一下，自己是不是在什么地方说错了什么，误解了孩子，让孩子受了委屈。

诡辩不仅是成人的专利，相反，孩子在与大人交流的过程中，更喜欢抓住一个问题进行诡辩。如果孩子长大以后，懂得了更多的道理，知道自己的诡辩是毫无意义的时候，反而会放弃诡辩。诡辩不是万能的，特别是在成年人面前，孩子的诡辩根本就是一种无用的伎俩。诡辩失败，再找不到反驳的语言时，孩子也会陷入失语的状态。

这种失语代表着孩子的内心是不肯认输的，觉得自己没错，还想要说服家长，但却已经词穷了。这种失语是短暂的，之后就会伴随恼羞成怒。是的，孩子也会恼羞成怒，相比成年人，孩子往往有着更强的自尊心、羞耻心。当孩子恼羞成怒的时候，伴随着愤怒的还有大吵大闹、大吼大叫。这个时候不是孩子受委屈了，所以家长不需要道歉，更不需要妥协，而是要给孩子一段时间冷静。万万不可乘胜追击，更进一步刺伤孩子的自尊心，妥协则只能助长孩子的气焰，让孩子觉得自己诡辩失败，只要发一通脾气就能达到目的。

以上几种孩子失语的状况是最为常见的，但这些都并不可怕，只要后续能做到合理的沟通，那么一切就都能迎刃而解。下面一种失语的情况，才是最为可怕的。如果孩子出现了这种情况，那么这种失语将会伴随孩子一生，即便是孩子成年了，也会养成这种习惯。这种失语，是因为无效沟通造成的失语。

孩子经常会有一些常见的错误，而一旦这种错误出现，家长就会习惯性的、不分青红皂白地进行批评。但有些时候，这种惯性的错误并不是孩子有意犯下的，或许是因为家长的问题，或许是因为某些不可逆的因素造成的。最开始的时候，孩子会辩解，会告诉家长为什么会出现这种情况，家长却会表现出不接受这种说法的姿态。这种沟通，就是一种无效沟通。

孩子的想法并没有准确地传达给家长，反而在用心解释以后接收到了来自家长的负面反馈。几次以后，孩子就会觉得跟家长沟通是没有意义的，解释是没有意义的，跟家长说实话、解释问题甚至是求助，都是没有意义的。

女儿的一个同学就有这个问题，平时这个男孩大方、开朗，怎么看都是个擅长沟通的好孩子。但是，一遇到和人争执的情况，他总是选择在说几句话之后就开始沉默。被老师批评的时候是这样，跟同学沟通不畅的时候也是这样。我曾询问过，他受了委屈，被人冤枉了，为什么不把自己的想法说出来，为什么不据理力争。相信没有人喜欢被人误会，被人伤害。

这个男孩却告诉我："对方不肯相信，解释又有什么用呢？"这句话让我感到了深深的刺痛，这个孩子过去究竟受了多少的委屈才能形成如今的习惯。而这个习惯将会伴随他的成长根深蒂固，即便他结婚、工作，面对伴侣、同事、上司的时候，也会在受到委屈的时候选择沉默。这一切都是在他童年时和父母的无效沟通造成的，这一切都是因为父母让他觉得沟通是没有意义的，辩解是没有用处的。他的沉默不是认错，而是在心里扎下了一根刺，可见他今后的人际关系会是怎样的。

作为一名家长，要谨记，只要孩子肯沟通，即便是争吵，即便是发火，也不是什么大问题。而如果孩子拒绝沟通，选择失语，那才是真正的大问题。

04/ 看懂孩子情绪变化的"晴雨表"

根据科学统计，养成一种习惯只需要14到21天，而改掉一种习惯，则要花掉90天，甚至更多。90天，也就是短短的3个月而已，如果能改掉一种坏习惯，何乐而不为呢？理论上是很简单，但实际操作起来却是非常艰难的。让某个人从零开始，坚持90天都是非常困难的，更别说不去触碰一件已经习以为常的事情，一种根深蒂固的思考方式了。孩子也是如此，当孩子的习惯形成以后，自然会在生活当中经常展现，其中就包括一些缓解自己情绪的方法。

每个人都有排解自己情绪的方式，即便是成年人也是如此。有些平日里不吸烟、不饮酒的人，在遇到压力，情绪发生较大波动的时候也选择点上一支烟，喝上一杯酒。有些人平日里十分沉默，但内心有压力的时候就会拉着别人喋喋不休。有人会用大喊大叫排解压力，有人会用压榨自己的身体、利用运动来改变自己的坏心情，甚至还有人会表现出强烈的攻击性，破坏一些东西来发泄。

种种排解情绪的方式，久而久之就会形成习惯。一旦情绪上出现问题，就会采用自己所习惯的方式。孩子同样如此，每个孩子在情绪发生波动的时候，必然会有其独特的表现。如果能够掌握这些习惯，那就相当于找到了孩子情绪变化的"晴雨表"。

每个孩子都会在自己的人生当中经历一些不顺利的事情，我的女儿也曾有过这样的经历。某段时间，我工作极其繁忙，时常出差，根本没有时间照顾她。当我闲下来以后，发现她已经有了一个很不寻常的习惯。

那一天，已经过了女儿平时回家的时间。我外出寻找女儿，却发现女儿就站在小区里的一棵树下。我正要喊她的名字，问问她为什么还不回家，突然发现女儿的情况不对。我悄悄地走到她的身边，发现她正在跟那棵树说着什么。我没有惊动她，等着她和树聊完天。

女儿发现我以后，也并不惊慌，她不觉得自己的行为是不寻常的，我也没有追问这件事情。一段时间以后，我才重新提起这件事情。从女儿口中得知，我工作繁忙的那段时间，她有了心事，没人可以说的时候，就会跟一些花草树木说。在那段时间里，女儿已经养成了习惯。

我工作没那么忙碌以后，女儿和花草树木对话的时间就越来越少了。但偶尔的，还是会有这样的情况。每当我发现女儿又在和花草树木对话，我就知道她遇到了麻烦的事情，并且是不好跟我开口的。既然发现了，就总有办法引导她说出来，再想办法去解决。不管怎么说，都比始终蒙在鼓里要好。

其实掌握孩子情绪变化的"晴雨表"是一件非常容易的事情，只要不忽视孩子，只要你对自己的孩子够熟悉，只要你对待孩子够认真，那就能够轻易地发现孩子在行为上的反常。例如，一个热情大方的孩子，今天突然不怎么讲话了，那显然意味着孩子现在心事重重。如果一个喜欢美食的孩子，今天只是草草地吃完了饭就下了餐桌，那么显然孩子的情绪发生了变化。

除了反常现象外，还要注意一些偶尔会发生，但始终没有停止过的事情。一个朋友曾向我求助，说他上高中的儿子偶尔会在睡前外出一段时间，时间不长，短时20分钟，长的时候也不会超过1小时。奇怪的是，这种外出没有什么明显的规律，并且风雨无阻。有几次正巧赶上外面下雨，孩子还是执意要带着伞外出。他很担心，认为孩子是不是在外面有什么不得不做的事情，一时之间种种疑惑涌上心头，又是担心早恋，又是担心孩子养成了坏习惯，交了坏朋友。但是，观察的一段时间，还跟踪了几次，发现孩子真的没有什么事情，真的就如同他所说的那样，就静静地在小区附近漫步。

出现这种现象，并不是什么麻烦事，不过是孩子在用夜晚漫步这件事情排解自己的情绪，整理自己的心情而已。孩子没有出现什么怪异的行为，更没有什么极端的举动，说明这个孩子已经有了非常好的自我调节能力。家长不需要过多干涉，给予适当的关心，适当的帮助，就可以让孩子回到正常的状态中来。

作为家长，只要孩子排解情绪的方式不是有害的，不是过激的，那么不妨听之任之。能够提前找到一种调解情绪的方式，这是孩子的才能。作为家长不需要过多干涉，只要掌握孩子的情绪变动，在孩子通过自我调节也无法解决问题的时候，给予帮助即可。强硬地干涉，只能引起孩子的反感，也破坏了孩子好不容易找到的自我调节方式。

05/ 还在为孩子涂鸦生气？
你应该高兴才对

　　涂鸦，就如同孩子的天性一样，没有哪个孩子不喜欢涂鸦，也没有哪个孩子从来没有做过涂鸦这件事情。每个孩子在认知这个世界的时候都是循序渐进的，最开始的时候是用嘴巴，这是人最原始的本能。不管遇见什么，都想放到嘴里尝尝，不管看见谁，都想咬一口。随后，孩子开始用眼睛来认识这个世界，不管有什么东西，都想要看一看。再然后，就到了用语言来认识这个世界的时候了，孩子会不停地发问，不停地向家长、老师，询问那些不懂的事情。

　　认识世界是有过程的，表达自己对世界的认识同样不是一蹴而就的。特别是孩子还小的时候，仅仅通过语言并不能完整的描述自己的想法。还有一些事情，孩子并不知道要告诉自己的父母，但却会因为深刻的印象，在涂鸦当中展现出来。当然，孩子涂鸦最大的价值是能够展示自己的内心，自己的家是什么样的，自己的父母是什么样的。特别是当孩子只能通过好、坏等简单的形容词来描述一件事情的时候，涂鸦就成为必不可少的表达方式。

那么，我们要如何判断孩子在涂鸦当中想要表达什么呢？在孩子还小，刚刚脱离婴儿时期的时候，孩子的涂鸦就能较好地告诉我们孩子的发育状况了。当你发现孩子的涂鸦永远是不规律的，那就说明孩子的身体协调性并不好。为了孩子能更好地发育，需要让孩子多动手，这样才能保证孩子将来的肢体能够协调。

从孩子绘画的细节，能看出孩子是怎样认识这个世界的。如果孩子对世界的认识是清晰的，那么他自然会将自己看到的东西完整地添加进涂鸦里。树上的纹理，花朵的形状，衣服上的纽扣，这些都会事无巨细地被孩子记录下来。如果孩子不能在涂鸦当中展现细节，处处都很模糊，很不清晰，那就说明孩子没能很好地认识这个世界。孩子对世界的认知是模糊的，涂鸦自然也是模糊的。

对于细节的处理，还有一种情况是家长要重视的，那就是教条。孩子涂鸦中的树，并不是孩子看见的样子，而是别人画出来的树。别人画的房子是什么样的，即便孩子没见过这样的房子，也要将房子画成这样。这种情况说明孩子还没有长大，创造力、想象力就已经开始流失了。

人们经常说，不恰当的教育会将每个孩子都变成一模一样的模板，并不是没有道理的。这一点，从涂鸦上就能体现出来。涂鸦本来就是孩子挥洒想象力，发挥创造力，将自己所看见的东西变出在自己笔下的一种活动。如果孩子认为，画一朵花，不是要画自己看见过的花，而是要画别人告诉自己怎么画的花，那就麻烦了，说明孩子的思想正逐渐被禁锢。当孩子的涂鸦出现这种情况的时候，家长就要想想，自己在教育的时候，是不是没有给孩子思考的空间，只告诉孩子什么该做，什么不该做，让孩子变成了只知道听话的机器。

我们需要关注孩子的涂鸦，因为我们想要了解孩子想要表达什么，孩子眼里的世界是什么样的，孩子眼里的父母、亲人、老师、同学是什么样的。因此，涂鸦的好坏并不是最关键的因素。

有不少家长，看见孩子潦草、随意的涂鸦之后，总是想要让孩子画得更加规整，更加漂亮，进而去指导孩子的涂鸦。这样做大可不必，孩子的涂鸦是孩子最真实的表达，家长能从涂鸦当中收获孩子内心深处最真实的东西，是可一件可喜可贺的事情。如果由家长来教孩子如何去涂鸦，如何规整的画出一幅画，那这个时候涂鸦也就不是涂鸦，而是画作了。

任何一幅画作，都是加入了大量修饰、大量艺术改造的。虽然看起来更好看、更美、更规整，让家长更有面子，但从那以后家长就不再能从涂鸦当中收获孩子眼中、心中最真实的东西。

孩子的涂鸦是孩子真实想法的体现，更是孩子情绪变动的体现。同一样事物，同一个人，在孩子不同的情绪之下，也会有不同的涂鸦方式。通过孩子对一件事物不同的涂鸦方式，也能找到孩子对事物看法发生了怎样的变化。如果这种变化是不好的，那家长就应该及时的介入。

我的女儿小时候很喜欢做一些关于学校的涂鸦，老师和同学是她笔下出现最多的人物。一次，我发现孩子笔下的老师变得比平时更大，使用的颜色也更深，给人一种阴森的感觉，我马上就明白女儿和老师之间发生了什么。在我的询问之下，才知道女儿因为一个误会被老师狠狠地批评了，从此那个老师就在她心里打上了可怕的标签。我花费了不少工夫，才将这种恐惧感从女儿的心中消除。

孩子喜欢涂鸦是一件好事，从涂鸦当中能窥见孩子真实的想法和对人、对物甚至对世界的认知。如果不是要将孩子培养成画家，那就不要过度干涉孩子的涂鸦内容和方式，这样不仅能看到孩子真实的一面，还能保证孩子拥有自己的想象力和创造力。

06/ 孩子的每一个梦想都值得赞许

你还记得自己儿时的梦想吗？相信每个人都不会忘记，自己从小到大，梦想是如何一步步变化的吧！从一开始最懵懂的想法，到接受学校、家庭引导的梦想，再到开始形成自己的意识，逐渐产生一些自己理想中的，但却并不现实的想法。回想往昔，你可能会觉得自己过去的很多梦想是不切实际的，是荒诞不经的。但实际上，孩子的每一个梦想都值得赞许。

孩子的梦想，并不仅仅是一种想法，而是孩子对这个世界的一种看法，是我们了解孩子想法的一个窗口。孩子梦想的形成，主要是家庭以及周遭环境的影响，孩子并不懂为国家、社会创造价值意味着什么，也不懂自己的梦想的实现意味着一种怎样的责任。梦想是孩子从自己本身出发的，也就是说，孩子认为怎样的生活更好，什么样的人更值得羡慕，就会产生怎样的梦想。

每个家长都会在孩子还小的时候询问孩子的梦想是什么，询问孩子将来想要成为怎样的人，我也不能免俗。在女儿还小的时候，我曾问过女儿，她将来想要做什么工作，成为一个什么样的人。女儿毫不犹豫地告诉我，她想要成为有钱人的太太。

听到女儿这个梦想的时候，我整个人都懵住了。为什么一个小小的女孩会有这样的想法呢？是对金钱的渴望？是对清闲生活的向往？我克制住了心底的不悦，问她为什么想要做有钱人的太太。女儿大大方方地告诉我说，如果做大老板的太太，就能每天穿得像隔壁的姐姐那样漂亮了。

大人总是把事情想得非常复杂，而梦想这件事情在孩子的心中却是非常简单的。一个微不足道的理由，就可以让孩子将自己的梦想钉在某件事情上。于是，我又问孩子，穿漂亮的衣服虽然很好，但是能自己设计衣服，想穿得多漂亮就能穿得多漂亮，好不好呢？女儿马上就告诉我，那就更好了，她想要成为一名服装设计师，不想做有钱人的太太了。

果然，孩子想要成为有钱人的太太这种想法，不过是源于对美丽的向往。成为有钱人的太太，这个梦想吸引女儿唯一的部分就是能够成为一个美丽的人。当她得知，自己不仅可以变得很美，还可以去创造美的时候，马上就改变了自己的梦想。

既然我们知道孩子的梦想并不是经过全面考虑的，仅仅是对生活中某个部分的向往，仅仅是因为他所认识的世界当中有他所向往的东西，那就不能看出孩子喜欢什么，孩子想要什么。万万不能因为孩子的梦想不切实际，或者说孩子的梦想不符合家长的想法，就批评孩子，认为孩子的梦想是错误的，是不对的。

有人嘲笑说，小时候每个人的梦想都是科学家，到最后真正成为科学家的也没有几个。想要成为科学家错了吗？当然没有。成为科学家这个梦想并不是什么假大空的话，仅仅是因为在孩子的心中，科学家是伟大的，科学家为人们创造了幸福的生活，为全世界的人做出了贡献。具体科学家是做什么的，这并不在孩子的考虑范围之内。孩子只是想要为大家做出贡献，只是想要成为一个伟大的人而已。

谈到儿时的理想时，同事曾告诉我，他儿时曾想要成为一名水管工。因为他家居住的小区特别老旧，每年冬天都会出现因为低温，水管爆裂的情况。每次爆水管，家里就不能用水，不仅耽误父母的工作，还要花钱请人来修。他想要成为一名水管工，就是希望父母不要因为水管爆裂的时候愁眉不展，想要分担父母的压力。

你看，孩子的想法有时候就是这么简单。孩子不明白成为一名水管工意味着什么，要做什么，更不知道将来自己会不会喜欢这份职业。孩子只是知道，如果自己是一名水管工，父母就不会因为这件事情发愁了。

孩子的梦想不是无的放矢的，每个梦想都有诞生的原因，每个梦想的出现也都有其意义。我们要了解孩子梦想背后的成因，而不是去干涉孩子应该有什么样的梦想，不该有什么样的梦想。孩子的每个梦想，都值得我们赞许。